성서사십주간

성경 읽기 안내 구약 I

편 집	
책임편집	최안나, 영원한도움 성서연구소 소장
편집	영원한도움 성서연구소

말씀 봉사자

조화선, 김경랑, 김승희, 김종옥, 배미향, 배조자, 백복현, 서효경, 윤미자, 이송자, 이용결, 이우식, 이정순, 이호선, 임승희, 장명희, 전배경, 전재열, 정윤희, 한소춘

기 타

성서연구소 전임 연구원 - 곽해순, 권영랑 / 김미령

표지 - 김보람 / 본문 편집 디자인 - 배준희

성서사십주간

성경 읽기 안내 구약 1

성서와함께

일러두기

1. 이 책에서 인용하는 성경 본문은 가톨릭 공용 《성경》입니다.
   성경 © 한국천주교중앙협의회
2. 성경 이름은 《성경》의 약어에 따라 첫 두 글자나 한 글자로 줄여 씁니다.
   창세기 → 창세, 사무엘기 상권 → 1사무, 욥기 → 욥
3. 성경 구절의 표기는 《성경》에 따라 아래와 같이 적습니다.
   창세기 1장 1절 → 창세 1,1
   창세기 1장 1절에서 5절까지 → 창세 1,1-5
   창세기 1장 1절과 5절 → 창세 1,1.5
   창세기 1장 1절과 2장 1절 → 창세 1,1; 2,1
   창세기 1장 1절과 탈출기 1장 1절 → 창세 1,1; 탈출 1,1

《성경 읽기 안내》를 펴내면서

1981년 《성서사십주간》이 처음 발간되고, 가톨릭성서모임을 통해 성경 읽기 운동이 널리 확산되었습니다. 하느님 말씀의 씨앗은 계속 뿌려지며, 이제 한국 교회에는 성경 말씀을 안내하는 체계가 더욱 풍요로워졌고 다양한 주석서와 유익한 안내서가 많이 소개되고 있습니다. 또한 성경 연구와 주석의 내용에도 많은 진전이 있었습니다. 이에 《성서사십주간》도 새롭게 펴낼 필요성을 인식하여 개정 작업에 착수하였습니다.

* 완전히 개정되는 (전정판) 《성서사십주간》은 성경 읽기 안내 1-3권, 오경, 역사서, 시서와 지혜서, 예언서, 그리고 복음서와 서간편, 마지막으로 지도(별책)로 구성되어 있습니다.

* 《성경 읽기 안내》는 아주 쉽게 성경 전체를 한 번 읽으며 공부하는 초급 단계를 안내하는 자료이고, 세분화된 《오경》 이하 안내서는 좀 더 심화된 성경 공부를 소개합니다.

《성경 읽기 안내》는 평화방송 'TV 성서사십주간' 강의에 근간을 두고 있습니다. 그것을 안내서 내용의 수준을 가늠하는 잣대로 삼았고, 무엇보다 말씀의 봉사자들이 방송에 출연한 복음적 지향이 귀해서 그 자료를 기초로 삼았습니다.

말씀의 봉사자는 성경 말씀에 매료된 이들입니다. 성경을 통해 하느님을 만나고, 성경 안에서 기쁨과 생명을 발견하고 새로 나는 환희의 눈물을 흘린 이들입니다. 본디 자격을 갖춘 것도 아니고, 전문적으로 배운 것도 없고, 주님 외에는 내세울 것도 없지만 말씀을 통해 받은 은혜는 나눌 수 있겠다고 말하는 이들입니다. 예수님을 만난 이들이 예수님을 전하며 사람들을 예수님에게 이끌듯, 그렇게 말씀을 만난 감격을 전하며 사람들을 말씀으로 인도하는 이들입니다.

《성경 읽기 안내》는 성경에 대한 것을 소개하지 않고 무엇보다 먼저 '성경 말씀 자체'를 펼치고 읽도록 안내합니다. 말씀과 깊이 만나시기를 기도합니다.

이 책이 나오기까지 배려하고 도움을 주신 분들과 특별히 말씀의 봉사를 해 오신 모든 분께 감사를 드립니다.

2007년 3월 성 요셉 성월에
최안나 수녀

성서사십주간이란

방법과 순서

성서사십주간은

신·구약 성경을 40주간 내에 읽을 수 있도록 매일 분량을 제시하고 짧은 해설과 함께 성경의 중요한 내용을 알려 줍니다. 이러한 방법으로 성경을 읽는 동안 우리는 성경 전체의 흐름을 파악하게 되며, 하느님의 말씀이 인류 역사를 통해서 어떻게 이루어지는가를 알게 됩니다.

이스라엘 백성은 40년 동안 광야에서 생활하면서 하느님을 체험하였고, 예수님께서는 공생활 전에 광야에서 40일간 기도하셨습니다. 새로운 이스라엘 백성인 우리도 40주간 동안 성경을 읽으면서 지금 우리 각자에게 말씀하시는 하느님을 만나게 될 것입니다.

신·구약 성경을 40주간 내에 통독하기 위해서는 매일 제시된 분량을 충실히 읽어야 합니다.

40주간 동안 계속하여 성경을 읽는다는 것은 결코 쉬운 일이 아닙니다. 그러나 구원의 말씀과 직접 만나려는 뜻을 가지면, 그날그날 성경 말씀에 맛 들이게 되면서 성경 읽는 시간이 즐거워질 것입니다. 그리스도인에게 성경을 읽는 시간은 기도 드리는 시간과 마찬가지로 영혼의 양식을 얻는 데 꼭 필요한 시간입니다.

우리는 성경을 대충 골라 읽을 것이 아니라 첫 말씀부터 끝 말씀까지 전체를 읽어야 합니다. 우리는 대체로 미사 전례 때 낭독되는 성경 말씀에는 익숙하지만 다른 부분에 대해서는 잘 알지 못합니다. 그러나 우리가 신앙생활의 근원이 되는 성경을 이해하기 위해서는 그 외의 말씀도 읽어야 합니다. 또한 신약성경이 구약성경을 배경으로 한 만큼, 신약성경의 메시지를 깊이 알아듣기 위해서는 구약성경을 읽어야 합니다.

중심이 되는 것은 성경입니다.

이 안내서는 성경 본문을 이해하고 맛들이면서 읽을 수 있도록 도와주는 역할을 할 뿐입니다. 그러므로 이 책에 제시된 부분을 성경과 함께 읽어 가야지, 본 안내서에만 의존하려 든다면 별다른 효과를 얻을 수 없을 것입니다. 이 책은 간추린 성경도 아니며, 성경 해실서나 참고서도 아닙니다. 무엇보다도 중요한 것은 성경 본문을 읽으면서 하느님께서 계시해 주시는 바와 흐름을 파악하며 자신의 신앙을 키워 나가는 일입니다. 성경을 충실히 읽는 신자는 구원의 역사와 하느님의 말씀을 이해하고 성경 읽기를 즐기게 되며, 미사성제의 의미도 한층 깊이 깨닫고 혼자서도 친밀하게 기도할 수 있게 될 것입니다.

살아 계시는 생명의 말씀

"한처음에 하느님께서 하늘과 땅을 창조하셨다.
땅은 아직 꼴을 갖추지 못하고 비어 있었는데,
어둠이 심연을 덮고 하느님의 영이 그 물 위를 감돌고 있었다.
하느님께서 말씀하시기를 '빛이 생겨라' 하시자 빛이 생겼다.
하느님께서 보시니 그 빛이 좋았다.
하느님께서 보시니 손수 만드신 모든 것이 참 좋았다"(창세 1,1-4.31).

참가자는 매주 한 번 모입니다.

본 안내서는 창세기의 6일 창조 성업을 본떠서 첫째 날에 시작하여 여섯째 날에 마치고, 일곱째 날에 모임을 갖는 7일 주기로 구성되어 있습니다. 일곱째 날은 지난 한 주간 동안 개별적으로 읽은 성경을 교회 공동체 안에서 함께 나누며 기도하고 강의를 들음으로써 우리 신앙생활에 도움을 받는 날입니다. 이 날이 반드시 주일이어야 할 필요는 없습니다.

일곱째 날 모임에서는 한 주간 동안 성경을 읽으며 체험한 느낌을 나눕니다.

자신이 성경을 읽으며 깊이 느낀 점이나 생활에 변화를 가져온 구절을 이야기합니다. 이러한 대화는 순수한 나눔이므로 비판이나 평가는 삼가야 합니다. 매주 자신의 느낌을 솔직하게 이야기하는 것은 쉬운 일이 아닙니다. 그러나 서로의 나눔을 통해서 성령의 작용과 풍요로움을 체험하게 되며, 더욱 진지한 마음으로 성경을 읽게 됩니다.

기도는 혼자 성경을 읽을 때나 일곱째 날 모임에서나 생략하면 안 될 중요한 요소입니다.

기도는 하느님의 말씀에 응답하는 소중한 체험이므로, 제2차 바티칸 공의회의 계시헌장(25항)에서는 다음과 같이 가르치고 있습니다. "성서를 읽을 때는 하느님과 인간의 대화가 이루어지도록 기도가 따라야 함을 명심하여야 한다. 왜냐하면 '우리가 기도할 때에는 하느님께 말씀드리는 것이고, 우리가 하느님의 말씀을 읽을 때에는 그분의 말씀을 듣는 것'이기 때문이다."

매일 성경 읽기 순서

1. 성령께 마음을 열어 주시도록 기도합니다.
2. 성경 본문을 한 줄도 빠뜨리지 않고 차근차근 읽습니다.
3. 안내서의 해설을 읽어 나가면서 주요한 장절을 익혀 둡니다.
4. 자신의 생활을 성경 말씀에 비추어 반성하며 묵상합니다.
5. 그날 읽은 성경에서 감동받은 구절이나 느낌을 3-4줄 정도로 노트에 적습니다.
6. 제시된 시편 기도와 자유 기도를 바칩니다.

일곱째 날 모임 순서

1. 정해진 시간과 장소에 늦지 않게 모입니다.
2. 성가를 부르며 마음을 준비하고 간단한 시작 기도를 바칩니다.
3. 읽은 성경 중에서 몇 구절을 봉독합니다.
4. 한 주간 동안 읽은 부분에 대한 첫 강의를 듣습니다(45분).
5. 잠시 쉬면서 그룹별로 둘러앉아 한 주간 동안 성경을 읽으며 느낀 점을 나눕니다(30분).
6. 서로 나눈 말씀과 느낌을 바탕으로 자유 기도를 바치고 마칩니다.
7. 둘째 강의를 듣습니다(50분).
8. 간단한 기도나 성가로 모임을 모두 마칩니다.
9. 사제가 있는 경우에는 강복을 청하여 받습니다.

일곱째 날 모임은 2시간 30분 이내에 끝내도록 유의합니다.

이 책의 순서에 따라 가능하면 40주간 내에 성경을 완독하는 것이 가장 좋습니다. 형편에 따라 단축 또는 연장할 수 있으나 쉬는 시간이 짧아야 좋습니다.

말씀에는 응답이 따라야 합니다. 우리는 읽은 것을 묵상하고 기도하며 우리의 신앙을 고백해야 합니다. 또한 말씀에 순종하면서 우리의 생활로써 응답해야 합니다.

약 속

성서사십주간을 시작하는 나는
기도하며 미사에 능동적으로 참여한다.
매일 해당 성경을 정한 시간에 충실히 읽는다.
일곱째 날 모임에 지각이나 결석을 하지 않는다.

하느님 말씀, 생명의 말씀

성경을 어떻게 읽을까?

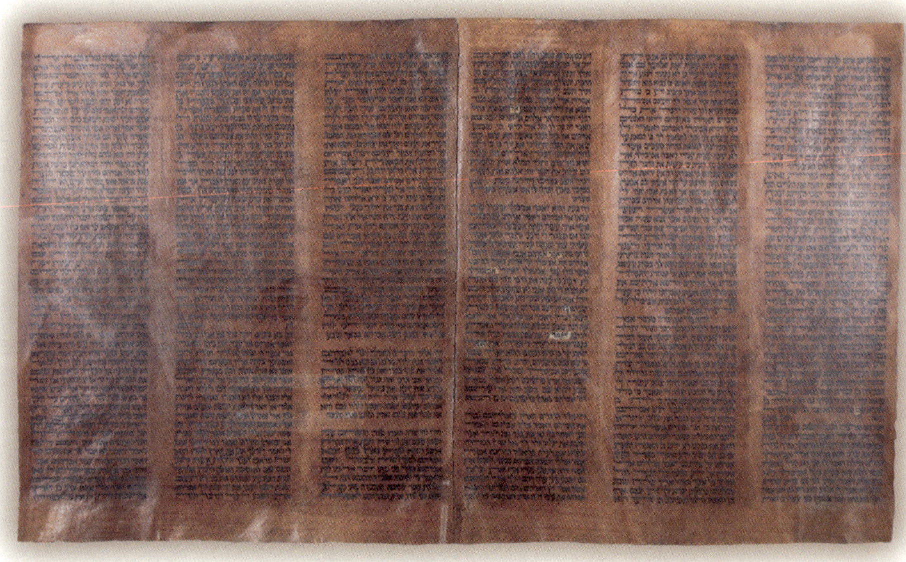

오경 두루마리(부분), 18세기 초, 소가죽에 필사, 성서와함께 소장.

* 부르심에 응답하며

하늘을 쳐다보게 하시는 말씀

"아브람이 아뢰었다.
'주 하느님, 저에게 무엇을 주시렵니까? 저는 자식 없이 살아가는 몸….'
그를 밖으로 데리고 나가서 말씀하셨다.
'하늘을 쳐다보아라. 네가 셀 수 있거든 저 별들을 세어 보아라.'
'너의 후손이 저렇게 많아질 것이다'"(창세 15,2.5).

아브라함은 하느님 말씀에 순종하여, 아비와 고향과 친척을 떠나 하느님께서 보여 주실 땅을 향해 갔습니다. 하느님께서 땅을 주고 많은 후손을 주겠다고 약속하셨는데, 기다려도 그 약속이 이루어질 것 같지 않았습니다. 그런 아브라함을 하느님께서 밖으로 불러내셨습니다. 밖으로 불러냈다는 것은 절망한 채 천막 안에 주저앉아 있던 아브라함을 '바깥 공간으로' 불러내셨다는 뜻이지만, 자신의 내면에 웅크리고 있는 자아를 '바깥으로' 불러내셨다는 뜻으로도 들립니다.

하느님께서는 이처럼 우리를 개별적으로 부르십니다. '대한민국 국민'이라거나 '독자 여러분' 하고 부르지 않고 한 사람 한 사람의 이름을 부르십니다. '아브라함아, 네가 지금 어떤 상태에 있는 줄 아느냐? 네 바깥으로 나와라. 나와서 하늘을 쳐다보아라. 그러면 무수한 별들이 보이는데, 네 자손이 저렇게 많을 것이다' 하시며 삶을 한층 넓게 보도록 이끄십니다.

별은 낮에도 있지만, 보이지 않습니다. 깜깜할수록 초롱초롱 잘 보입니다. 아브라함을 선택하시고 그를 통해 이스라엘 민족을 선택하신 하느님께서 그에게 밤의 고통을 겪게 하시는 이유가 바로 여기에 있습니다. 하느님께서는 아브라함에게 온 주변을, 머리부터 온몸을 감싸고 있는 어둠 속에서 하늘을 보라고 말씀하십니다. 우리가 무슨 일을 하든지 간에 많은 고통을 겪게 될 때, 주님께서는 아브라함의 후손인 우리가 그 경제적 어둠이나 사회적·국가적 어둠 또는 개인적 어둠 속에서도, 하늘의 별을, 밤하늘의 별을 쳐다보도록 초대하십니다.

* 만남 안에서: 예수 그리스도

생명의 물을 주시는 말씀

"사마리아 여자 하나가 물을 길으러 왔다.
예수님께서 '나에게 마실 물을 좀 다오' 하고 그 여자에게 말씀하셨다.
사마리아 여자가 예수님께 말하였다.
'선생님은 어떻게 유다 사람이시면서 사마리아 여자인 저에게 마실 물을 청하십니까?'
사실 유다인들은 사마리아인들과 상종하지 않았다"(요한 4,7.9).

예수님께서는 먼 길에 지쳐서 우물가에 주저앉으시고 사마리아 여자에게 물을 청하십니다. 사람에게 물을 청하시는 하느님의 말씀입니다. 계약의 하느님께서는 사람에게 계속 목마름을 호소하십니다. '사람아, 내 말을 좀 들어다오.' 먼저 예언자를 보내어 말씀하시고, 역사적 사건들을 통해서 뭔가를 들려주시고, 이스라엘 민족을 우리의 모범으로 내세우면서까지 끊임없이 우리를 사랑하신 하느님의 말씀을 기록한 것이 바로 구약성경입니다.

그런데 사람은 종종 사마리아 여자와 똑같이 응답합니다. '당신은 유다인이고 나는 사마리아 여자인데' 하며 차별합니다. 유다인과 사마리아 여자가 예수님 시대까지 상종하지 않은 기간이 700년입니다. 그 오랜 기간의 불목을 내세워서 벌써 선을 그어 놓습니다. 유다인과 사마리아인, 남자와 여자 하는 식으로 말입니다. 그러나 하느님께는 유다인도 사마리아인도 없고, 남자도 여자도 없습니다. 예수님께서는 이제 사마리아도 아니고 예루살렘도 아니고 그 어느 곳도 아니고, 영과 진리 안에서 예배할 때라고 말씀하십니다. 예수 그리스도를 통하여 주님을 섬기는 것, 이것이 계시의 절정입니다.

여자가 예수님을 부르는 호칭도 서서히 달라집니다. 처음에는 선생님으로, 다음에는 예언자라고 고백했다가 마침내 그리스도가 아니실까요? 합니다. 그러고는 물동이를 버려두고 고을로 달려가서는 사람들에게 예수님 이야기를 하기에 이릅니다. 그리고 많은 사람이 와서 듣고는, 여자의 말을 듣고도 믿었지만 이제는 그분 말씀으로 믿는다며 말씀 체험을 이야기하기 시작합니다. 이것이 '성서사십주간'의 목적이 아닐까 합니다. 이제 여러분이 이 책을 읽거나 성경 본문을 통해서 예수님을 바로 만나고, 하느님의 말씀이 살아 있는 말씀이라는 것을 직접 체험했다고 고백할 때 '성서사십주간'의 목적은 달성된다고 말할 수 있습니다.

* 믿고 기도하며

성령의 빛으로 읽게 하시는 말씀

"사람들이 그에게 '나자렛 사람 예수님께서 지나가신다' 하고 알려 주자, 그가
'예수님, 다윗의 자손이시여, 저에게 자비를 베풀어 주십시오' 하고 부르짖었다.
예수님께서 걸음을 멈추시고 그를 데려오라고 분부하셨다.
그가 가까이 다가오자 예수님께서 그에게 물으셨다.
'내가 너에게 무엇을 해 주기를 바라느냐?'
그가 '주님, 제가 다시 볼 수 있게 해 주십시오' 하였다"(루카 18,37-38.40-41).

산을 오르는 길이 여럿이듯이, 성경을 읽는 데에도 여러 방법이 있습니다. 성경에 담긴 신비를 밝히기 위해서 깊이 연구하는 학자들이 있는가 하면, 발굴 작업을 하는 고고학자가 있고, 아름다운 자연 속을 거닐듯이 그저 성경이 좋아서 말씀을 읽고 듣는 사람들도 있습니다. 어떤 방법으로 성경을 대하든 성경을 읽는 데 꼭 필요한 세 가지 자세가 있습니다.

1. 성령께서 비추어 주시기를 청하며 읽는다.

성경은 원저자가 성령이시기 때문에 성령의 비추심을 받아서 읽을 때 비로소 그 뜻을 제대로 이해할 수 있습니다. 성경이 쓰일 때 감도하신 같은 성령께서 우리가 성경을 읽을 때 감도하셔야 계시하시는 신비가 밝혀집니다.

예수님께서 십자가에서 돌아가실 때, 성전 휘장이 위에서 아래까지 찢어졌습니다. 휘장에 가려서 안 보이던 지성소가 드러나게 되었습니다. 이처럼 휘장에 가려 있던, 하느님의 비밀과 계획이 밝히 드러나는 것이 바로 계시입니다. 이 계시는 인간의 역사를 따라 서서히 발전됩니다. 원시인들에게는 원시적 표현을 써서, 이성적인 사람에게는 이성적 이론을 써서, 감성적인 사람에게는 감성을 써서 하느님 사랑의 비밀을, 하느님의 구원 경륜을 펼쳐 보입니다. 이렇게 여러 유형과 방법으로 쓰인 성경을 제대로 이해하기 위해서는, 성경을 읽기 전에 성령의 비추심을 꼭 청해야 합니다.

2. 하느님의 말씀을 만나려는 열망으로 읽는다.

루카 18장에서 예리코의 눈먼 이는 소리질렀습니다. "다윗의 자손이시여, 저에게 자비를 베풀어 주십시오." 그러자 예수님께서 그를 불러와서 내게 바라는 것이 무엇이냐고 말씀하셨고, 그는 즉시 "다시 볼 수 있게 해 주십시오" 하고 청했습니다. 성경을 읽을 때에는 예리코의 눈먼 이처럼 간절한 마음으로 부르짖어야 합니다. '주님, 보게 해 주십시오. 당신 법의 묘함을 제가 보게 되리이다' 하며 매달려야 합니다. 성경 안에, 살아 계신 하느님의 말씀이 숨쉬고 있다는 것을 보게 될 때에 더 이상 성경을 읽으라 마라 할 필요가 없습니다. 나이 많은 세관장 자캐오도 마찬가지입니다. 예수님을 보려는 열망으로 돌무화과나무에 올라가기 위해 얼마나 많은 희생을 치렀는지 루카 19장의 말씀을 보십시오. 어떤 마음으로 성경을 읽어야 할지가 분명해질 겁니다.

3. 성모 마리아의 모범을 따라서 읽는다.

예수님의 잉태라는 기쁜 소식을 전하는 천사와 마리아의 이야기(루카 1장)는 하느님 중심으로 성경을 읽어야 함을 잘 보여 줍니다. 성경을 읽으면서 그것이 나에게 어떤 소용이 될 것인가를 가늠하는 것이 아니라, 성경 안에서 말씀하시는 하느님의 뜻이 무엇인지를 헤아리는 마음으로 읽어야 합니다. 마리아는 즈카르야와 똑같이 질문을 하되 "저는 남자를 알지 못하는데, 어떻게 그런 일이 있을 수 있겠습니까?"(34절) 하고 하느님 말씀을 중심으로 묻습니다. 그때 "하느님께는 불가능한 일이 없다"(37절)는 말에 마리아는 "말씀하신 대로 저에게 이루어지기를 바랍니다"(38절) 하고 응답합니다. 이는 하느님의 말씀을 주인으로 모시는 신앙의 순종입니다.

하느님의 말씀을 잉태하신 마리아의 방문을 받았을 때, 엘리사벳은 기쁨이 터져 나와서 탄성을 올립니다(44절 참조). 하느님의 말씀을 모시고 갈 때 기쁜 소식의 선포자가 되고, 나 자신도 기뻐집니다. 말씀의 종은 성모 마리아처럼 "저는 주님의 종입니다" 하며, 인내와 정성을 다하여 먼저 말씀을 품고 기다려야 합니다. 성모 마리아의 모범을 따라서 항상 말씀에 귀 기울이며 순종하는 자세로 성경을 읽을 때, 우리 안에서 말씀의 잉태가, 말씀의 탄생이 이루어질 것입니다. "행복하십니다. 주님께서 하신 말씀이 이루어지리라고 믿으신 분!"(45절)에서 약속된 복을 함께 누리게 될 것입니다.

오경 전체 보기

1. 오경이란?

구약성경 목차를 보면 제일 먼저 '오경'이란 이름 아래 다섯 권의 성경이 나열되어 있어요.

즉 창세기, 탈출기, 레위기, 민수기, 신명기 다섯 성경을 묶어 오경五經이라 부르죠.

히브리어로 오경을 '토라'라고 부르는데요, 말뜻은 권위 있는 가르침 또는 교훈이죠.

유다교에서 이 토라를 반드시 지켜야 할 삶의 지침, 법으로 삼았기에 흔히 '율법서'라고 번역되고 있어요.

오경은 담긴 메시지의 차이와 보관상의 편의로 다섯 두루마리로 나뉘었다고 해요.

오경 두루마리, 16세기 초 필사, 성서와함께 소장.

오경은 구약의 으뜸 성경

그리스도교는 성경 중에서 복음서를 가장 중요하게 여기는데, 유다인들은 오경을 으뜸 성경으로 여깁니다. 그래서 오경을 두루마리에다 적어서 회당에 모셔 놓고 안식일 예배 때마다 봉독합니다. 히브리어는 우리말과 달리 오른쪽에서 왼쪽으로 써요. 그래서 길게 붙인 두루마리를 오른손으로는 감고 왼손으로는 풀면서 읽어 가죠.

2. 오경 각 권의 이름

성경에서 이름은 무척 중요해요. 이름이 존재의 모든 것을 함축해서 보여 주기 때문이죠.

히브리어 오경 이름과 그 뜻

이스라엘 사람들은 오경 각 권의 이름을 붙일 때 그 두루마리의 첫 단어 또는 첫머리에 있는 중요 단어를 그 이름으로 삼았어요. 그 단어들이 해당 성경의 성격을 잘 나타낸다고 보았던 거죠. 가령 창세기는 '한처음 이야기', 탈출기는 모세와 야훼(하느님 이름)라는 '이름이 드러나는 이야기', 레위기는 거룩한 백성으로 '부르시는 이야기', 민수기는 '광야 이야기', 신명기는 모세를 통해 주신 하느님 '말씀'으로 이해했지요.

히브리어	그리스어	오경 이름
בְּרֵאשִׁית(한처음에)	Γενεσις(기원)	창세기創世紀
שְׁמוֹת(이름들)	'Εξοδος(탈출)	탈출기脫出紀
וַיִּקְרָא(부르시고)	Λευιτικόν(레위인들의 법)	레위기肋未紀
בְּמִדְבַּר(광야에서)	'Αριθμοί(인구 조사)	민수기民數紀
דְּבָרִים(말씀)	Δευτερονομιον(두 번째 율법)	신명기申命紀

그리스어 오경 이름과 뜻

기원전 3세기 중반에 이집트의 알렉산드리아에 살던 유다인들은 히브리어 오경을 그리스어로 옮겼는데, 성경 구절이 아니라 그 내용에 따라 성경 제목을 따로 붙였어요. 그들이 파악한 책 내용은 '기원 이야기'(창세기), '탈출 이야기'(탈출기), '레위인의 법'(레위기), '인구 숫자들'(민수기), '두 번째 율법들'(신명기)이죠.

우리말 오경 이름과 뜻

우리말 오경 이름은 중국어 성경에서 나왔는데요, 출처는 그리스어 성경 이름이에요. 그것을 창세기(세상 창조 기록), 탈출기(이집트 탈출 기록), 레위기(레위인들의 법 기록), 민수기(백성들의 숫자 기록), 신명기(하느님의 명령을 다시 기록한 것)로 옮겼죠. 각 성경의 끝자리에 쓰인 기紀는 일반적인 기록을 가리키는 기記가 아니라, 중요한 내용 또는 본보기가 되는 내용을 적은 기록이란 뜻입니다.

3. 오경의 저자와 저술 시기

오경의 저자는 모세?

예전부터 오경을 모세가 써서 전해 주었다고 믿어 왔어요. 그래서 '모세 오경', 또는 '모세의 책'이라고 불렀답니다. 하지만 근대에 와서 오경 안에 겹치거나 서로 어긋난 부분, 모세 이후 이야기 등이 있음을 알게 되었어요. 그래서 모세가 직접 쓰지는 않았고, 다만 그의 권위 아래 이 모든 이야기가 모아졌다고 봅니다.

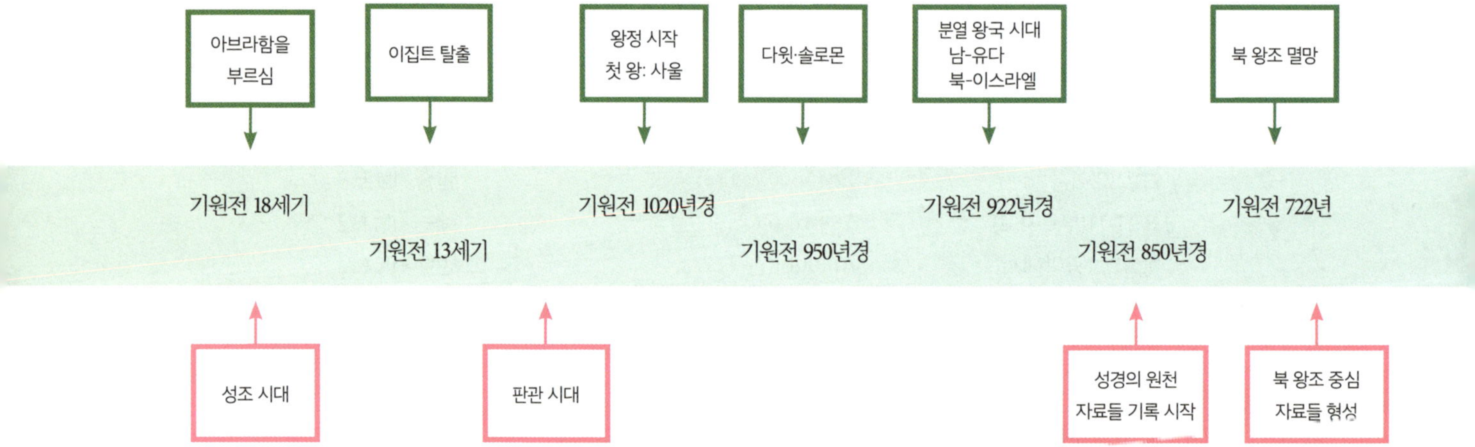

그러면 누가 썼나요? 언제?

오늘날 오경은 어느 한 사람이 쓴 작품이 아니라, 오랜 시기에 걸쳐 여러 사람이 기록하고 편집하며 전해 준 것을 모아 편집한 전승문학으로 봅니다.

오경의 진짜 저자는 성령!

성경은 인간에게 계시된 하느님의 말씀이 인간의 언어에 담겨 전해지며 기록된 책입니다. 이렇게 하느님의 거룩하신 영, 성령의 영감에 따라 기록되었기에 성경의 원저자는 '성령'입니다. 하지만 성령께서 영감을 주실 때는 인간 저자의 시대와 공동체, 저자 자신의 특성과 문화 환경 등을 다 활용하셨어요. 그러니까 그런 역사적, 문학적 요소들을 알아보는 게 필요합니다.

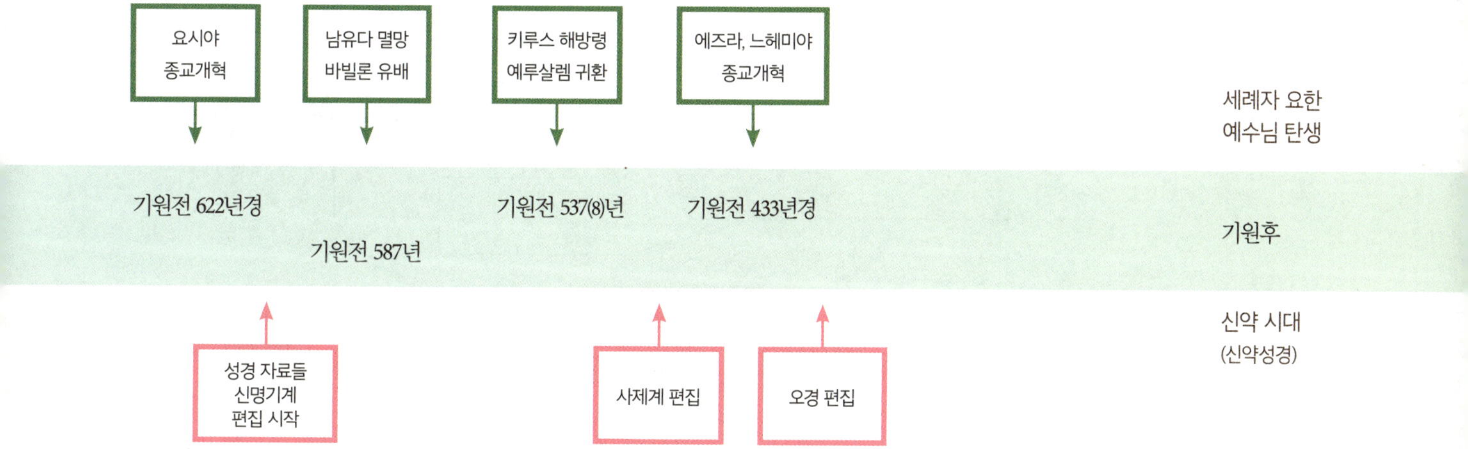

오경을 읽는 눈은?

그리스도교 신자인 우리가 성경을 읽는 목적은 "온 세상이 구원의 선포를 들음으로 믿고, 믿으며 바라고, 바라며 사랑하게 하고자"(《계시헌장》 1항) 함입니다. 따라서 오경 역시 '하느님의 말씀'이니까 하느님에 대한 신앙의 눈으로 기도하며 읽어야 그 메시지를 바로 알아들을 수 있습니다. 오경의 말씀은 죄, 용서, 구원을 내용으로 하는 구원사 측면과 하느님의 창조, 생명, 강복을 강조하는 창조 신앙 측면을 겸합니다. 그래서 이 두 측면을 함께 볼 때, 하느님께서 오경으로 오늘 우리 삶에 주시는 메시지를 잘 알아들을 수 있습니다.

4. 오경의 구성과 내용

오경은 한 덩어리로 서로 밀접하게 연관되어 있습니다.

창세기는 모든 존재와 생명의 근원이신 하느님의 창조와 인간의 범죄를 다룬 원역사(1-11장)와 이스라엘 백성의 선조들의 선택과 역사(12-50장)를 적고 있어요. '시작의 책'인 창세기는 오늘 우리 삶의 근본을 일러 주고 있지요.

민수기는 시나이에서 받은 율법들(1,1-10,10)과 광야 체험기(10,11-36장)로 짜여 있어요. 광야에서 하느님을 불신하며 불평하던 이스라엘 백성이 정화되어 하느님의 백성으로 형성되어 가는 과정이 담겨 있지요.

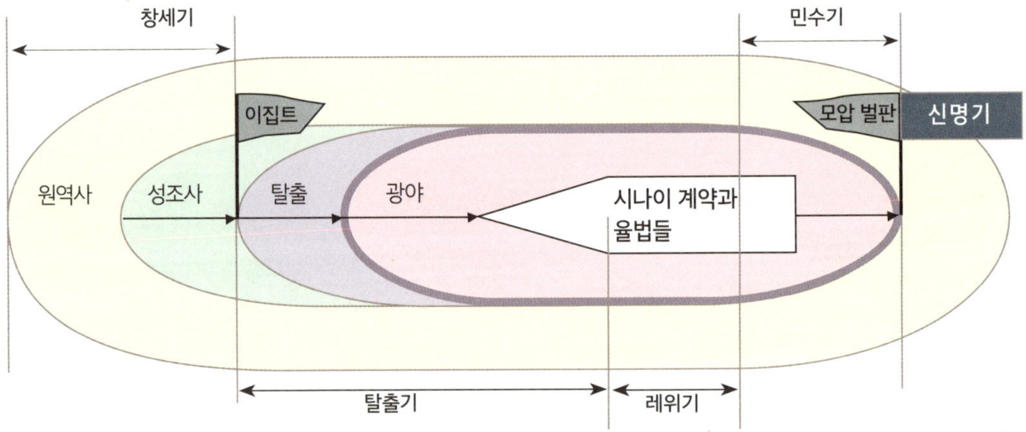

탈출기는 야훼 하느님께서 이스라엘 백성을 탈출시키신 이야기(1-15장)와 광야 체험기(15-18장), 시나이산에서 맺은 계약과 율법, 성막 이야기(19-40장)로 짜여 있어요. 이스라엘의 하느님이 누구시며, 그분의 뜻과 말씀, 그분과의 계약 관계 등이 밝혀져 있어 오경은 물론 구약의 핵심 성경이라 할 수 있죠.

레위기는 모두 시나이산에서 받은 율법 규정들이죠. 무척 재미없고 지루한 성경 같지만, 이집트에서 구해 주신 하느님의 뜻이 백성 가운데 살아 움직이며 일상생활을 거룩하게 하기 위해 일러 주신 경신례 규정들이기에 참 중요하죠. 신약의 전례와 연결시켜 보면 더 흥미롭게 볼 수 있어요.

신명기는 모세가 죽기 전에 모압 벌판에서 행한 설교예요. 이집트에서 이스라엘 백성을 구해 내신 하느님의 구원 업적을 기억하며, 그 사랑에 충실하게 응답하라고 당부하는 내용이지요.

창세기

1주간

제1일: 창세 1,1-4,26
(시편 19,1-7)

제2일: 창세 5,1-10,32
(시편 53,1-7)

제3일: 창세 11,1-16,16
(시편 121,1-8)

제4일: 창세 17,1-19,38
(시편 105,6-10)

제5일: 창세 20,1-23,20
(시편 66,10-20)

제6일: 창세 24,1-25,18
(시편 116,1-19)

2주간

제1일: 창세 25,19-28,22
(시편 77,1-13)

제2일: 창세 29,1-32,33
(시편 25,1-22)

제3일: 창세 33,1-37,36
(시편 115,14-18)

제4일: 창세 38,1-41,57
(시편 105,15-22)

제5일: 창세 42,1-45,28
(시편 103,8-14)

제6일: 창세 46,1-50,26
(시편 67,1-8)

1. 입문

창세기는 오경의 첫 번째 두루마리입니다. 오경은 나일 강변의 갈대 종류로 만든 종이인 파피루스에 기록되었는데요, 이것을 요즈음처럼 책으로 묶지 않고 연결해 붙여서 둘둘 말아 두었지요. 이것을 두루마리라고 해요. 오경은 두루마리가 다섯 개인데, 첫 번째 두루마리인 창세기의 첫 번째 단어가 이 두루마리의 이름이 되었지요.

히브리어 성경 이름

'한처음에'라는 말은 히브리어로 '브레쉬트'인데, 이 말은 '첫 시작에'라는 뜻입니다. 그런데 이것을 그리스어로 번역하면서 그 내용과 관련하여 '게네시스', 즉 '기원'이라는 뜻의 제목이 붙여졌습니다. '창세기'라는 말은 한자로 번역된 이름입니다.

그리스어 성경 이름

책의 제목이 시사해 주는 것처럼, 창세기는 이 세상 만물과 존재하는 모든 것의 시작에 대해 이야기하고 있습니다. 우주 만물, 그중에서도 인간, 죄, 죽음, 구원, 남녀의 차이, 가정생활, 사회의 부패, 서로 다른 언어, 이스라엘 민족과 이방 민족 등이 어떻게 시작되었는가를 기술하고 있지요. 창세기에 나오는 시작에 관한 이야기는 단순한 사실 보도가 아니라 원인론적 설화입니다. 누구나 겪어야 하는 현실, 바로 그러한 현실이 있게 된 원인을 분명한 진리로 이야기하고 있습니다. 그래서 창세기는 이름 그대로 '시작의 책'이죠.

창세기는 전승문학

창세기는 말이나 글로 내려오는 이야기를 어떤 의도를 가지고 집대성한 전승문학입니다. 하느님의 계시 진리를 처음 받은 사람은 아브라함이고, 그 진리는 이사악과 야곱의 아들들에게로 이어져 내려왔을 겁니다. 이들의 신앙 체험담은 먼저 설화나 공동체 의식에 사용되는 노래 형태로 구전되었지요. 가족에서 씨족으로, 다시 부족에서 민족 공동체로 넓혀지면서 입으로 또 글로 전달되었습니다.

이처럼 창세기는 여러 사람이 시대의 영향을 받으며 다양한 문학 형태로 기록·편집한 책임에도 불구하고, 하느님의 계시 진리를 분명하게 드러냅니다. 그래서 성경의 진정한 저자는 어디까지나 하느님이시라고 고백하는 것이지요.

창세기는 믿음의 책

과학자들은 우주가 140-150억 년 전 거대한 폭발로 시작되었다고 설명합니다. 그리고 별들이 생겨나다가 지구라는 별은 대략 46억 년 전에 생겨났고요, 이 지구에 대기권과 산소, 바다와 육지가 만들어지면서 약 30-35억 년 전에 생명체가 생겨났고, 현생인류(Homo sapiens sapiens)는 불과 10-13만 년 전에야 나타났다고 합니다. 이를테면 지구가 생긴 때를 1월 1일이라고 했을 때, 현생 인류가 출현한 때는 12월 31일 저녁 11시 48분쯤 된다고 해요.

이러한 과학 지식 때문에 창세 1장의 내용을 동화처럼 여기는 분도 계실 것입니다. 그렇지만 우주 만물의 역사를 창세기 시대 사람들보다 훨씬 과학적으로 알고 있다고 해서, 우리가 그들보다 사람과 우주의 존재 의미를 너 깊이 깨우쳤다고 말할 수는 없습니다. 사실 창세 1장은 당시 고대 근동인들이 상상하던 세계관에 기초하여 표현되었습니다.

창세기는 이렇게 시작합니다. "한처음에 하느님께서 하늘과 땅을 창조하셨다"(1,1). 여기서 첫마디 "한처음에"는 모든 것에 앞서 있는 절대적인 시작을 말합니다. 또한 "창조하셨다"는 말은 아무것도 없는 상태에서 어떤 것을 있게 하셨다는 뜻입니다. 무에서 유를 만드는 행위는 오직 하느님만 하실 수 있는 일입니다. 한마디로 창세기는 하느님에게서 모든 것이 시작되었다는 믿음을 고백하는 책입니다.

2. 구조

1) 원역사

창세 1-11장은 세상과 인간 창조, 죄의 시작과 인류의 타락, 홍수, 민족들의 분열 등 기원과 바탕을 말해 주는 근본 역사라는 뜻에서 원역사元/原歷史라고 합니다. 각 민족들은 신화의 형태로 기원을 이야기하였는데, 창세기의 원역사도 고대 근동에 유행하던 신화들의 옷을 입고 있답니다. 하지만 그 신화의 의미를 넘어서서 완전히 새로운 메시지를 전해 주고 있습니다.

2) 성조사

창세 12-50장은 아브라함, 이사악, 야곱, 요셉 등 이스라엘 백성의 선조들과 얽혀 있는 선조사先祖史이며, 동시에 믿음으로 주님을 하느님이라 고백하여 믿음의 조상이 된 성조사聖祖史입니다. 다양하고 흥미로운 성조 이야기는 인류 역사 속에 현존하시면서 그 역사를 구원의 역사로 이끌어 가시는 하느님을 만나게 해 줍니다.

3. 원역사

1) 창조 이야기(1,1-3,24)

우주 만물은 말씀으로 창조되었다

창세 1장에서는 "하느님께서 말씀하시기를 … 그대로 되었다"는 말이 계속 반복되고 있습니다. 히브리 성경에서는 율법서를 '토라(*Torah*)'라고 부르는데, 이들이 말하는 율법은 바로 하느님의 말씀입니다. 사제계 학파는 바빌론 유배 후 가장 절망적인 시기에 놓인 하느님 백성에게 새 희망을 불어넣어 주기 위해 오경의 서곡으로 이 창조 이야기를 썼습니다.

창세 2-3장의 창조 이야기는 이스라엘 역사상 정치·경제적으로 번창한 때에 기록되었다고 합니다. 정치·경제적으로 잘나간다고 하여 하느님을 잊고 죄에 빠진 임금과 지도 계급, 또 백성에게 흙으로 빚어진 인간과 그의 한계성, 그리고 쉽게 죄에 떨어지는 비참함을 자각시키고 있습니다.

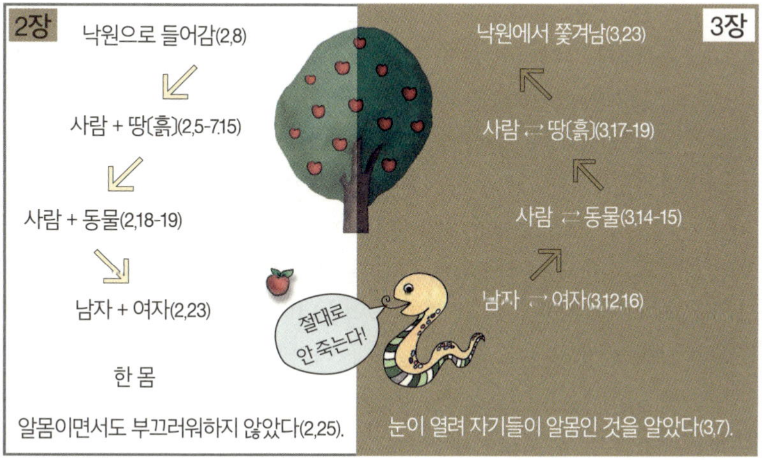

이렇듯 창세기는 우리에게 이 세상은 하느님의 뜻에 따라 만들어져 발전한다는 사실과, 인간은 창조 세계를 누리고 돌보라는 복福과 사명을 받을 만큼 특별한 존재임을 밝힙니다. 동시에 사람이 자신의 한계를 무시하고 창조주 하느님의 명령을 어기면 비참한 상태에 빠지게 된다는 것을 분명히 일러 줍니다.

인간은 남자와 여자로 창조되었으며 하느님의 모습을 지녔다

사람은 다른 피조물과 달리 하느님에게서 특별한 능력을 받습니다. 그것을 첫 번째 창조 이야기에서는 "하느님의 모습"이라고 표현했고(1,27), 두 번째 창조 이야기에서는 "생명의 숨"이라고 표현했습니다(2,7). 하느님께서 사람을 당신 모습대로 창조하신 목적은 세상 통치권을 사람에게 맡기기 위해서입니다(1,26 참조). 고대 근동에서는 임금의 손길이 미치지 않는 지역에 통치권을 상징하는 임금의 초상을 세웠습니다. 하느님께서 당신의 모습대로 사람을 창조하시되 "남자와 여자로 창조하셨다"는 말은 인간으로 하여금 공동체를 이루고 공존하라는 뜻입니다. 결국 사람이 하느님의 모습으로 창조되었다는 기록의 근원적 의미는 인간끼리 더불어 살면서 사회를 이루고 자연을 다스리는 사명을 받았다는 것입니다.

땅 위의 만물은 인간에게 맡겨졌지만 주인은 하느님이시다

두 번째 창조 이야기는 인간이 땅 위의 만물을 자유롭게 사용할 수 있지만 주인은 하느님이시라는 계시 진리를, 고대 근동에 퍼져 있던 신화적 표현을 빌려 전달하고 있습니다. 신화와 상징이라는 표현을 통하지 않고는 근원에 대한 이야기를 전하기가 어렵기 때문입니다.

하느님께서는 흙의 먼지로 사람을 빚으시고 코에다 생명의 숨을 불어넣으십니다. 그래서 사람을 히브리어 '아다마(*adama*, 흙)'에서 나왔다고 하여 '아담(*Adam*)'이라고 부릅니다. 하느님께서는 이 아담에게 에덴 동산을 돌보며 살게 하셨는데, 동산에 있는 모든 나무에서 열매를 따 먹어도 되지만 동산 한가운데 있는 선과 악을 알게 하는 나무 열매만은 따 먹지 말라고 하십니다. 이것은 인간의 한계를 알리는 신화적 표현입니다. 일부러 먹지 말라고 해서 인간을 시험하시는 것이 아닙니다. 선과 악을 아는 것과 생명은 애초에 인간에게 주어진 영역이 아닙니다.

그러나 아담과 하와는 하느님의 말씀을 듣는 대신, "하느님처럼 되어서 선과 악을 알게 될" 것이라는 뱀의 말을 듣고 선과 악을 알게 하는 나무 열매를 먹습니다. 그러자 그들의 눈이 열려 서로의 알몸을 봅니다. 그러면서 지금까지 좋았던 모든 관계가 일그러지게 됩니다. 여자는 임신과 출산의 고통을 겪게 되고, 남자는 힘든 노동을 해야 생계를 유지할 수 있게 됩니다. 무엇보다 하느님과 함께 살지 못하고 에덴 동산에서 내쫓기게 됩니다. 이와 같이 창세 3장은 인간의 교만으로 하느님과 멀어지는 죄의 치명적 위험과 유혹을 우리에게 일깨워 줍니다.

카인과 아벨, 15세기, 해밀턴 성경 삽화.

2) 카인과 아벨 이야기(4,1-5,32)

창세 4장에서는 형제들이 함께 살지 못하고 서로를 해치는 또 다른 잘못을 보여 줍니다.

카인과 아벨은 한 해 수확을 하느님께 제물로 바칩니다. 그런데 하느님께서는 아벨과 그의 제물만 굽어보십니다. 그렇게 하신 이유를 제물의 차이, 봉헌자의 마음가짐 등 여러 갈래로 생각해 볼 수 있습니다. 예언자들은 하느님께서 반기시는 것은 제물이 아니라 순종(1사무 15,22 참조)과 신의(호세 6,6)이며 하느님을 아는 예지라고 가르쳤습니다.

하느님께서 화가 나 있는 카인에게 "그 죄악을 잘 다스려야 하지 않겠느냐?"고 일러 주시지만, 카인은 아벨을 죽이고 맙니다. 불의하게 형제의 피를 흘린 카인은 땅에서 쫓겨나 "세상을 떠돌며 헤매는" 신세가 됩니다. 그러나 하느님께서는 그런 카인의 생명까지도 지켜 주십니다. 결국 이 이야기는 먼 옛날에 있었던 하나의 사건이라기보다, 하느님의 말씀을 듣지 않고 형제의 생명을 위협하는 죄의 경향과 그로 인한 무서운 결과를 보여 줍니다.

3) 대홍수와 노아 이야기(6,1-10,32)

하느님께서는 노아의 시대에 이르러 세상에 죄악이 가득 찬 것을 보시고, 사람을 창조한 것을 후회하시며 대홍수의 심판을 내리십니다. 이는 사람들의 죄악으로 창조 질서가 무너져 다시 혼돈에 빠져든 것을 가리킵니다.

하느님께서는 의인 노아를 시켜서 커다란 방주, 즉 상자를 만들게 합니다. 노아의 방주는 교회를 예표합니다. 구원을 위한 예표라는 의미에서지요. 그러나 교회를 최후 심판을 대비한 방주로만 생각할 수는 없습니다. 예수님께서 교회를 세우신 것은 세상을 구원하시기 위해서입니다. 곧 예수님께서 선포하신 하느님 나라는 '지금 여기'에서 실현되어야 합니다. 하느님의 말씀을 듣고 그대로 실천하는 삶이 바로 이 시대 노아의 방주인 교회가 해야 할 역할입니다.

하느님께서 홍수로 땅 위의 모든 인간과 동물을 멸하신 후, 노아는 배에서 나와 하느님께 제사를 드립니다. 이때 노아와 그의 아들들에게도 첫 사람에게 주신 복이 내립니다. 하느님께서는 새로운 창조 세계가 이루어지기를 간절히 바라십니다.

하느님께서는 다시는 사람 때문에 땅을 저주하지 않고 어떤 생물도 파멸시키지 않겠다고 다짐하시며, 그 계약의 표로 무지개를 하늘에 두셨습니다. 오늘날 창조 질서가 깨어지면서 지구상의 많은 동식물이 멸종되고 있습니다. 인간의 이러한 생태계 파괴 행위는 하느님의 뜻을 거역하는 일임을 무지개를 볼 때마다 상기해야 할 것입니다.

4) 바벨탑 이야기(11,1-9)

홍수 이야기 뒤에 노아의 세 아들의 이야기가 이어집니다. 노아의 세 아들 중 셈이 이스라엘 민족의 조상이고 그의 계보에서 아브라함이 나오게 됩니다. 함을 가나안의 조상이라고 부른 것은 이스라엘이 가나안 지역을 점령할 당시 가나안은 함족인 이집트에 속해 있었기 때문인데, 노아의 저주를 들어 그들에 대한 지배를 정당화하는 근거로 삼기도 했습니다. 그러나 이 이야기의 핵심은 부모가 실수로 존엄성과 사회적 품위를 잃었다 해도 자식이 부모를 경멸하고 부모의 명예를 더럽히는 태도는 잘못이라는 것입니다.

창세기의 바벨탑 이야기는 문명의 발달과 함께 자신들을 신격화하려는 제국의 세력이 언어의 혼란으로 분열되는 역사적 체험을 반영하고 있습니다. 나중에 바벨이라는 이름이 붙은 성읍과 그 가운데 '꼭대기가 하늘까지 닿는 탑'은 성읍들의 한가운데 있던 요새, 또는 '꼭대기가 하늘로 치솟은 집'이라는 뜻의 이름을 가진 지구라트 신전을 연상시킵니다. 특히 지구라트는 구운 벽돌로 쌓아 올린 피라미드 구조의 층계식 건축물로 그 꼭대기에 신전이나 제단이 있었습니다. 이 건물은 수메르와 바빌로니아의 모든 성읍의 중앙에 있었기 때문에 성읍 문화의 상징이자 종교의 중심지였습니다.

창세기 저자는 이 성읍과 탑을 "이름을 날리자"는 명예욕과 "온 땅으로 흩어지지 않게 하자"고 현상태를 영원히 보존하려는 집단 이기심과 연관시켜 죄악의 상징물로 제시합니다. "자식을 많이 낳고 번성하여 땅을 가득 채워라"(1,28; 9,1)는 하느님의 뜻을 어기는 행위라는 것이지요. 사실 역사적으로 한 민족이 공존의 원칙과 인류 가족의 공동체성을 무시하고 자신들이 영원히 권력을 장악하려 할 때마다 많은 분열을 낳았습니다.

성경은 인간이 하늘 꼭대기까지 닿는 탑을 쌓으려 했지만 하느님께서 그것을 보시려고 아래로 내려오신다는 풍자적 표현을 통해, 하느님 앞에 인간의 문명이 얼마나 보잘것없는가를 말해 줍니다.

4. 성조사

> 네 고향과 친족과 아버지의 집을 떠나,
> 내가 너에게 보여 줄 땅으로 가거라.

> 나는 너를 큰 민족이 되게 하고,
> 너에게 복을 내리며,
> 너의 이름을 떨치게 하겠다.
> 그리하여 너는 복이 될 것이다.

> 너에게 축복하는 이들에게는 내가 복을 내리고,
> 너를 저주하는 자에게는 내가 저주를 내리겠다.
> 세상의 모든 종족들이 너를 통하여
> 복을 받을 것이다.

1) 아브람을 부르심(12,1-3)

기원전 2000년경에 메소포타미아 지역은 라가시를 중심으로 한 수메르의 도시 문화권에 속했는데, 이 문화권에 경제적으로 의존하면서 들락거리던 서부 셈족 계열의 아무루족 목축민들 속에 아브람의 일가가 섞여 있었다고 봅니다. 아브람의 아버지 테라 일가가 살았던 메소포타미아 남부의 우르와 북부의 하란은 달신(月神, *Sin*)을 섬기던 중심지였습니다. 그래서인지 테라 일가의 이름 속에 이 신의 이름과 연관되는 것이 많습니다. 아브람의 아내 사라이는 달신 신(*Sin*)의 아내 이름인 사라투(*Sharratu*), 나호르의 아내 밀카는 달신 신의 딸의 이름인 말카투(*Malkatu*)와 관련된다고 봅니다.

아브람 일가가 하란을 떠나게 된 시점은 분명치 않습니다. 창세기에 나오는 관습과 고대 근동의 관습을 비교해서 대략 기원전 2000년대 초반 내지 중반으로 추정할 뿐입니다. 당시 근동에는 달신 이외에도 각 지역마다 다양한 성격의 수호신을 모시고 있었습니다. 집안이나 씨족마다 모시는 신도 따로 있었습니다. 이런 가운데 아브람은 절대적이고 유일하신 분의 부르심을 듣습니다.

2) 아브라함과 이사악의 하느님(12-26장)

믿음으로만 만날 수 있는 하느님

떠돌며 살던 한 목축민이 유일하신 하느님을 만나게 된 사건은 하느님께서 밑도 끝도 없이 아브람을 불러내시는 것으로 시작합니다. 이동하는 이유가 다른 사람들과 결정적으로 다른 점이 바로 "고향과 친족과 아버지의 집을 떠나라"는 명령에 있습니다. 자기가 속한 집단의 수호신을 숭배하던 당시의 신앙 태도와는 전혀 다른 신앙을 요구하는 명령입니다. 세상 사람들의 복의 근원이 되기 위해서 자신의 모든 것을 버리고 떠나라니요! 미래에 대한 보증은 불확실하기 짝이 없고 다만 말씀하시는 분에 대한 믿음으로만 응답할 수 있는 명령입니다. 아브람이 쉽게 응답하기에는 미래가 너무 불확실합니다. 현실적으로 계산이 안 되는 요구이지요.

고대 근동 사회에서 고향과 친척과 아버지의 집을 떠난다는 것은 죽음을 감수하는 일입니다. 장차 보여 줄 땅은 보증도 없는 말뿐인 약속에 불과합니다. 지금 손에 잡히는 것은 하나도 없습니다. 부르시는 분에 대한 절대적 믿음이 없으면 도저히 응답할 수 없습니다. 그러나 아브람은 믿었고, 결국 그는 하느님의 약속을 받게 됩니다. 그렇지만 그의 신앙 여정은 결코 평탄치 않았습니다. 그는 여러 번 자신의 나약함에 걸려 넘어지기도 하지만, 당신의 약속에 충실하신 하느님 덕분에 믿음의 조상이 됩니다.

약속에 성실하신 하느님(12,10-20; 15장; 17장)

아브람의 신앙이 현실적으로 도전을 받습니다. 이집트로 내려갔을 때 아브람은 예쁜 아내 때문에 파라오에게 목숨을 빼앗길 위험에 처합니다. 그때 아브람은 막다른 골목에서 하느님께 도움을 청하기보다 임기응변식의 계략을 꾸밉니다. 아내를 재산의 하나로 여기던 가부장제 부족사회의 관습 때문에 아브람은 모두가 살기 위해서 아내 사라이를 포기했는지도 모릅니다. 그러나 하느님의 생각은 아브람의 생각과 달랐습니다. 그래서 사라이를 파라오의 손에서 구출해 내십니다. 이 사건으로 말미암아 아브람은 "너를 큰 민족이 되게 하겠다"는 하느님의 약속이 당시 풍습대로 일부다처제에 의한 단순한 숫자적 증식이 아니라는 것을 깨닫게 됩니다.

그러나 현실적으로 아내 사라이는 아이를 낳지 못하는 데다 점점 늙어 가니, 아브람은 절망에 빠져서 하느님께 호소합니다. "주 하느님, 저는 자식 없이 살아가는 몸, 제 집안의 상속자는…." 절망하는 아브람을 밖으로 데리고 나가신 하느님께서는 밤하늘의 별을 보여 주면서 당신의 약속을 확인시키십니다. 아브람이 주님을 믿으니, 주님께서는 그 믿음을 의로움으로 인정해 주셨습니다. 아브람이 약속을 보증할 표징을 요구하자, 하느님께서는 고대 동방의 계약 체결 의식으로 아브람과 계약을 맺습니다. 이 의식에서 둘로 쪼개진 희생물처럼 계약을 어기는 당사자들도 그렇게 된다는 뜻이 담겨 있습니다. 또 17장에서 하느님께서는 "영원한 계약"을 맺으시고 그 계약의 표징으로 할례를 지시하십니다.

약한 자를 돌보시는 하느님(16장; 21장)

조급했던 사라이가 일을 저질렀습니다. 자신의 몸종을 남편에게 주어 대를 잇게 합니다. 이것은 당시 관습이었습니다. 사라이의 이 같은 행동은 아브람이 목숨을 부지하기 위해 아내를 누이라고 속였던 인간적인 노력과 같은 성격입니다. 사라이도 아브람처럼 사건을 꼬이게 만들 뿐 자신이 저지른 일을 감당하지 못하고 결국 하느님께서 개입하십니다.

이스라엘이 하가르처럼 종살이할 때와 추방된 신세였을 때, 그들의 울부짖음을 들으시고 구해 주시는 하느님, 죄도 없이 쫓겨나 죽어 가는 아이의 울음소리와 아들을 지켜보는 하가르의 고통 어린 신음소리를 들으시는 하느님, 그런 하느님을 이스라엘은 체험해 왔습니다.

이집트인 여종 하가르의 이야기는 오경을 읽는 이스라엘인들에게 "떠돌아다니는 아람인"(신명 26,5)이었던 자기네 조상을 이집트에서 크고 강대한 민족으로 늘어나게 하시고, 그들을 이집트 임금 파라오의 종살이에서 구해 내시어 약속의 땅 가나안에 정착하기까지 광야에서 마실 물과 먹을거리를 주시며 돌보셨던 하느님을 상기시켜 줍니다. 쓰라린 체험 속에서 만난 하느님이 진정 약한 자들의 울부짖음을 들으시는 분임을 다시 한 번 상기시켜 주면서, 소외되고 버려진 약자들에게 눈을 돌리게 합니다.

아브라함이 세 나그네를 맞이하다, 12세기, 덴마크 잉게보르 시편 삽화.

의인을 저버리지 않으시는 하느님(18장; 19장)

아브라함을 방문한 세 천사의 이야기는 고대 근동 유목 사회의 미풍양속이자 약자를 보호하기 위해 만들어진 나그네 환대법을 통해 의인과 악인을 말해 주고 있습니다. 아브라함과 롯이 나그네에게 보여 준 태도는 하느님을 모시고 사는 의인의 전형입니다. 나그네를 환대하는 것이 바로 하느님을 모시고 사는 것이라는 믿음은 "네 이웃을 너 자신처럼 사랑해야 한다"(마태 22,39)는 계명과 "이 가장 작은 이들 가운데 한 사람에게 해 준 것이 바로 나에게 해 준 것이다"(마태 25,40)라는 예수님의 가르침까지 이어집니다.

반면, 소돔성 주민들이 나그네를 유린하려는 행위는 악의 절정으로 보입니다. 오갈 데 없는 나그네를 자기네 쾌락의 도구로 삼는 행위는 약육강식의 동물 세계에서도 찾아볼 수 없는 잔악성입니다.

나그네로 찾아온 세 천사를 환대한 아브라함은 결국 하느님을 대접한 것으로 드러나고, 내년 봄에 아들을 얻게 된다는 생명의 복음을 듣습니다. 그러나 소돔과 고모라의 주민들은 유황불의 심판을 받습니다.

조건 없는 믿음을 원하시는 하느님

아브라함의 신앙이 참신앙인지 시험받는 이야기가 성조사에서 절정을 이루고 있습니다. 이사악의 출생으로 이제 막 하느님의 강복이 궤도에 오른 상황에서, 하느님께서 느닷없이 그 아들을 제물로 바치라는 명령을 내리십니다. 숨 막힐 듯한 긴장감 속에서 이야기는 불필요한 감정적 서술 없이 단순한 문장으로 이어집니다. 아브라함은 하느님의 명령에 말없이 따를 뿐입니다. 그래서인지 독자들은 아브라함의 심적 고통에 한결 강하게 교감합니다.

그런데 갑자기 이사악의 음성이 이 침묵의 긴장을 깨트리면서 문장의 흐름을 바꿉니다. "아버지! 번제물로 바칠 양은 어디 있습니까?" 이 소리는 비수처럼 아브라함의 가슴에 꽂힙니다. 아브라함의 대답은 아브라함의 신앙을 한마디로 요약한 말입니다. "하느님께서 손수 마련하실 거란다."

산인하게까지 들리는 이 이야기의 배경은 무엇일까요? 성경에서 좀처럼 보기 힘든 인신 제사를 하느님께서 요구하시는 이유는 무엇일까요? 가나안 주변 지방에서는 사람, 그중에서도 어린이를 번제물로 바치는 것이 최고의 경신 행위로서 오랫동안 행해져 왔다고 합니다. 인신 제사 관습은 이스라엘 민족이 가나안에 들어올 때 받아들인 이교 풍습으로 추정되는데, 율법과 예언자들이 강력하게 금지시켰음에도 불구하고 종종 행해졌습니다. 그러나 이스라엘은 점차 사람 대신 동물을 희생 제물로 바치다가, 하느님께서 기뻐하시는 제사는 제물이 아니라 봉헌자의 마음 가짐과 선한 행실이라는 믿음을 갖게 되었습니다.

이사악의 봉헌(가운데)과 아벨의 봉헌(좌), 멜키체덱의 봉헌(우), 10세기, 괴팅겐 성경 삽화.

이 이야기의 궁극적 교훈은 이 같은 제사 양식의 변천이 아니라 하느님의 절대 주권에 인간은 무조건 순명해야 한다는 점입니다. 고통과 시련은 신앙을 단련시키기 위한 하느님의 시험이므로, 항구한 믿음으로 하느님의 말씀에 순종하면 결국 '야훼 이레', 즉 하느님께서 직접 해결해 주신다는 체험이 배경에 자리하고 있습니다. 이 이야기의 진정한 뜻은 아브라함의 믿음을 본보기로 내세우려는 것만이 아닙니다. 여기서 중심은 주님이십니다. 오직 그분만이 모든 고통과 문제점을 해결하며 평화를 주실 수 있는 유일한 절대자라는 것입니다. 그러므로 우리는 이 이야기를 통해서 어려움에 직면하여 고통을 겪더라도 하느님을 신뢰하며 그분의 뜻을 따를 때, 진정한 구원과 해방을 체험하게 된다는 것을 배우게 됩니다.

여인들의 지혜로 약속을 실현해 가시는 하느님(24장; 27장; 38장)

성조사에 계속 흐르는 주제는 후손의 번성과 땅을 차지하리라는 내용입니다. 이것은 아브라함을 부르신 하느님의 약속입니다. 이 약속의 후계자인 이사악에 관해서는 다룬 내용도 짧고, 그의 성격도 매우 온순하고 평화로운 모습으로 소개됩니다. 그럼에도 이사악은 성조들의 역사에서 중요한 위치를 차지합니다. 하느님께서 아브라함에게 약속하신 미래의 보증수표와도 같은 존재였으니까요.

이사악 이후로 이 약속이 실현되는 데 여성들이 중요한 역할을 수행합니다. 대표 인물이 이사악의 아내이자 야곱과 에사우의 어머니인 레베카와 유다의 며느리 타마르입니다.

24장의 방대한 부분을 차지하는 레베카의 이야기는 그녀의 선한 품성과 뛰어난 분별력, 그리고 아름다운 자태와 용기를 말해 줍니다. 27장에서 레베카는 큰아들 에사우가 아니라 작은아들 야곱이 맏아들의 축복을 받게끔 합니다. 그녀는 남편 이사악을 속인 벌로 사랑하는 아들 야곱을 멀리 떠나 보내고 두 번 다시 못 본 채 세상을 떠납니다. 그러나 일찍이 하느님의 약속을 실현할 만한 아들을 제대로 알아봄으로써 세상의 순리를 거슬러 하느님의 약속을 실현하는 역할을 했습니다.

38장에 나오는 유다의 며느리 타마르의 이야기는 목숨을 걸고 후사를 이으려는 이스라엘 여인들의 처절한 신앙을 보여 줍니다. 형의 후사를 이어 주기 위해 과부가 된 형수를 책임지는 수혼법을 어긴 시동생 오난의 비열한 행동과 시아버지 유다의 우유부단한 행동은 확신에 찬 타마르의 태도와 대조를 이룹니다. 어쩔 수 없는 상황에서라도 하느님에 대한 굳은 믿음으로 그 약속을 실현시키려 했던 레베카와 타마르와 같은 여인들의 노력을 통해 하느님의 약속이 서서히 이루어지고 있음을 창세기는 증언합니다.

3) 야곱의 하느님(25,19-34; 27-35장)

성조사에서 아브라함의 이야기와 야곱의 이야기는 두 기둥으로서 있습니다. 이사악의 이야기는 이 두 기둥에 걸쳐 있지요. 야곱 이야기는 크게 야곱과 에사우의 설화 및 야곱과 라반 설화로 구분됩니다.

이렇게 구성된 야곱의 일대기는 그가 이스라엘 열두 부족의 아버지가 된 경위와 함께 이스라엘 민족의 특성을 반영하고 있습니다. 야곱 이야기에서는 땅이나 후손에 대한 약속보다 복에 대한 주제가 더 부각됩니다. 야곱과 에사우가 갈등을 일으킨 것도 아버지의 축복 때문이었고, 서로 화해한 것도 하느님의 강복을 통해서였습니다.

야곱은 베텔에서 꾼 꿈을 통해 하느님이 복의 근원임을 깨닫게 됩

야곱의 꿈(위)과 씨름(아래), 13세기, 영국 시편집 삽화.

니다. 실제로 야곱의 긴 피신 생활은 베텔에서 시작해서 베텔로 돌아오면서 끝납니다. “내가 너와 함께 있으면서 네가 어디로 가든지 너를 지켜 주고, 너를 다시 이 땅으로 데려오겠다. 내가 너에게 약속한 것을 다 이루기까지 너를 떠나지 않겠다”(28,15)는 하느님의 약속이 야곱의 일생을 따릅니다.

전형적 자수성가형인 야곱의 신앙은 투쟁 속에 이룬 믿음입니다. 야곱에게 현실은 축복이 아니라 축복을 얻어 내야 하는 투쟁의 장소입니다. 자기 것이 아닌 축복을 가로챘다는 죄책감에 그는 늘 하느님을 두려운 분으로 만납니다. 에사우를 만나 축복으로 얻은 재산을 돌려 준 후에야 이 두려움에서 벗어나지요. 히브리어에서 축복과 ‘선물’은 한 단어입니다. 형 에사우를 만나기 전에 선물을 앞세우고, 형에게 자신을 종이라고 낮추며 야곱은 용서를 청합니다. 에사우는 야곱의 이런 진심을 읽은 듯, 혈육을 만난 기쁨의 포옹으로 동생을 용서합니다. 이로써 야곱은 축복을 훔친 자가 아니라 축복을 받은 자로서 당당히 이스라엘 민족의 아버지가 됩니다.

야곱의 이야기를 통해 우리가 통찰할 수 있는 사실은 하느님의 복은 미래에 주어질 무엇이 아니라 지금 주어진 삶 자체라는 것입니다. “주님께서 이곳에 계시는데도 나는 그것을 모르고 있었구나” 하고 외친 순간부터 야곱은 자신에게 주어진 모든 현실을 복으로 보는 눈을 가지고, 어떤 어려움에도 굴복하지 않은 채 성실한 삶으로 복을 자신의 것으로 만들어 낼 수 있었습니다. 강자인 라반에게 계속 억눌렸던 야곱을 돌보시는 하느님의 모습에서 이스라엘의 신앙 체험에 깊이 자리하고 있는, 약한 자들을 돌보시는 하느님을 알아볼 수 있습니다.

4) 요셉의 하느님(37장; 39-50장)

성조사에서 요셉 이야기는 이스라엘이 어떻게 이집트 땅에 들어가 살게 되었는가를 알려 줍니다. 극적 구성으로 볼 때 요셉 이야기는 오경 전체에서 가장 빼어난 작품입니다. 요셉 이야기에는 다른 성조 이야기와 달리 하느님의 직접 개입이나 계시, 약속, 인명이나 지명 및 관습의 어원 풀이, 성소나 제의의 기원에 대한 설명이 없습니다. 또한 성조 이야기의 핵심 주제인 땅, 후손, 약속, 계약 등이 표면에 드러나지 않은 채 이야기 자체에서 구원사의 흐름을 지속시키고 있습니다. 즉 요셉을 통하여 성조 야곱과 그 자손들이 이집트에 가게 된 경위를 설명하고, 선택된 민족의 형성과 이집트 탈출을 준비하고 연결하는 구원사가 전개됩니다.

이 이야기에서 두드러지게 강조되는 것은 놀라운 하느님의 능력과 이끄심입니다. 가장 가까운 사람들이 꾸민 악의 함정에서, 무죄하게 감금된 요셉을 감옥에서 구하시고 그를 높여 악을 선으로 갚게 하시는 놀라운 하느님의 구원 의지가 이야기 전반에 걸쳐 진하게 드러납니다. 이렇게 볼 때, 요셉 이야기는 이스라엘 사람들이 역사를 통해 뼈저리게 체험한 하느님, 곧 고통 속에서 구해 주시는 하느님, 어떠한 악의 세력에도 불구하고 구원의 능력과 의지를 펼쳐 가시는 하느님에 대한 깊은 신학적 성찰에서 나온 것입니다.

천체와 곡식 단에 관한 요셉의 꿈, 13세기, 루드비히 시편집 삽화.

요셉 이야기에서는 하느님의 개입이 꿈으로 이어집니다. 고대 이집트에서는 꿈과 그 해석을 중요시하였고, 해몽을 특별한 기술로 생각하여 이를 전문으로 하는 관리가 있었습니다. 그러나 요셉은 꿈풀이 능력을 하느님에게서 받았습니다. 요셉에게 꿈은 바로 하느님의 말씀이었습니다. 그 말씀을 믿으며 충실히 사는 요셉의 모습이 그의 꿈풀이 능력보다 더 아름답게 빛납니다. 파라오가 요셉에게 내려준 새 이름 '차프낫 파네아'가 '신께서 말씀하시니 그가 살고 있도다'라는 뜻인 것도 우연은 아니라고 봅니다. 요셉은 하느님을 모시는 전형적인 의인으로 살았습니다. 그는 자신이 어려서 꾼 꿈이 실현되었을 때, 자신의 보복을 두려워하는 형들에게 "두려워하지들 마십시오. 내가 하느님의 자리에라도 있다는 말입니까?"(50,19) 하면서 지난날을 모두 하느님의 구원 의지로 풀이합니다.

탈출기

3주간

제1일: 탈출 1,1-4,31
(시편 56,2-10)

제2일: 탈출 5,1-7,29
(시편 78,42-51)

제3일: 탈출 8,1-10,29
(시편 105,1.26-38)

제4일: 탈출 11,1-13,16
(시편 114,1-8)

제5일: 탈출 13,17-15,27
(시편 81,1-16)

제6일: 탈출 16,1-18,27
(시편 106,12-27)

4주간

제1일: 탈출 19,1-22,30
(시편 19,8-11)

제2일: 탈출 23,1-26,37
(시편 119,33-40)

제3일: 탈출 27,1-29,46
(시편 141,1-10)

제4일: 탈출 30,1-32,35
(시편 65,1-4)

제5일: 탈출 33,1-35,35
(시편 119,137-144)

제6일: 탈출 36,1-40,38
(시편 149,1-9)

1. 입문

1) 탈출기, 그 이름의 뜻

창세기에 이어 나오는 탈출기는 구약성경과 오경의 두 번째 책(두루마리)입니다. 이 성경이 어떤 내용을 담고 있으며, 그 성격이 어떠한지는 책 제목에 함축되어 담겨 있습니다.

유다인들은 이 책을 '쉬못트'(이름들)라고 부릅니다. 탈출기 첫 구절의 두 번째 단어이지요. 이는 첫 구절에서 제목을 뽑는 유다인들의 작명법에 따른 것이기도 하지만, 곧이어 나오는 주요 이름들에 주목한 제목이기도 합니다. 이스라엘 열두 지파의 이름(1장), 모세의 이름(2장), 하느님의 이름(3장) 등의 상호 관계를 이 성경의 핵심으로 보는 것입니다.

그리스어 성경은 책의 주요 내용을 제목으로 삼는 그리스식 작명법에 따라, 이 성경의 핵심을 '이스라엘 자손들이 이집트에서 빠져나옴'으로 보고 '엑소도스'(탈출)라 지었죠. 이 이름이 그 후 널리 퍼졌습니다.

공동번역 성서 이름 '출애굽기'는 그리스어 성경 이름을 딴 중국어 성경 이름 '出埃及紀'(출애급기)를 옮긴 것입니다. '이집트에서 탈출한 기록'이라 풀 수 있겠죠. 현재 《성경》에서는 그리스어 성경 이름을 그대로 옮겨 '탈출기'라 이름 붙였습니다.

2) 이집트 탈출은 언제?

앞서 본 창세기가 보편적 의미에서 '시작의 책'이라면, 탈출기는 이스라엘 백성, 또는 '하느님 백성'의 시작을 알리는 성경이라고 할 수 있어요. 이스라엘 백성은 자기들이 한 공동체로서 출발했던 소중한 체험을 이야기와 노래, 법조문 형태로 전해 왔어요. 탈출기는 초기부터 전해 온 이러한 전승 자료를 후대에 하나로 묶은 것이죠.

3) 이집트 탈출, 그 다음엔?

탈출기란 성경 제목은 자칫 이집트 탈출 사건만 부각시키는 느낌을 줄 수 있습니다. 하지만 가출家出과 출가出家가 엄연히 다르듯, 이집트 탈출 역시 하나의 시작일 뿐입니다. 이집트를 떠나서 '어디로 가느냐', '누구의 인도를 받느냐'가 중요합니다. "내가 그들을 이집트인들의 손에서 구하여, 그 땅에서 저 좋고 넓은 땅, 젖과 꿀이 흐르는 땅, 곧 가나안족과 히타이트족과 아모리족과 프리즈족과 히위족과 여부스족이 사는 곳으로 데리고 올라가려고 내려왔다"(3,8).

제18왕조의 투트모스 3세

제19왕조의 라메세스 2세

기원전 15세기설	기원전 13세기설
근거: ㉠ 1열왕 6,1에 따르면, 솔로몬이 성전을 지은 때(기원전 960년경)가 이집트에서 나온 지 480년 만이라 하니 이집트 탈출은 기원전 1440년경이다. ㉡ 탈출 1,8에 나오는 새로운 임금은 아시아계의 힉소스족을 쫓아낸 제18왕조의 창건을 가리킨다. ㉢ 제19왕조 메르넵타 비석(기원전 1207년경 건립)에 나오는 이스라엘은 이미 나라 수준으로 볼 수 있으므로, 상당한 기간이 흘렀음을 알 수 있다.	근거: ㉠ 탈출 1,11에 나오는 라메세스와 피톰은 기원전 13세기에 제19왕조에 의해 건설되었다. ㉡ 팔레스티나에 대한 고고학 발굴 결과 기원전 13세기 말이나 12세기 초에 큰 변화가 있어 새 민족의 진입을 보여 준다. ㉢ 제19왕조 메르넵타 비석에 나오는 이스라엘은 나라가 아닌 부족 수준을 지칭하므로, 이집트에서 나온 지 오래되지 않았다.

오늘날 대다수 학자들은 기원전 13세기, 그러니까 기원전 1250년 전후에 이집트 탈출 사건이 발생했다고 추정합니다. 하지만 성경은 당시 파라오(임금)의 이름을 밝히지 않습니다. 형제를 함께 살지 못하게 괴롭히면서 하느님의 뜻을 거역하는 세력은 누구든지 그런 임금과 같다는 뜻이겠죠.

이집트 ▶ 홍해 ▶ 광야 ▶ 시나이 ▶ 광야 ▶ 요르단강 ▶ 가나안 약속의 땅

해방 **계약과 율법**

이스라엘 백성의 이집트 탈출 체험과 신앙 고백은 구약성경의 근본 바탕이 되었을 뿐 아니라, 해방 사건을 완성하는 신약성경의 핵심을 미리 보여 주는 예형이 되었습니다.

모세가 공주에게 구출되다 (탈출 2,1-10)	이집트 피난으로 생명을 구하시는 예수님(마태 2,13-21)
시나이에서 모세의 얼굴 변화 (탈출 34,29-35)	예수님의 영광스러운 변모 (마태 17,1-9 외)
광야 생활 40년 (탈출 15,22-18,27)	광야에서 40일을 보내신 예수님 (마태 4,1-2 외)
파스카의 어린양 (탈출 12,3)	예수님은 하느님의 어린양 (요한 1,29 = 묵시 7,17)
바위에서 나온 물 (탈출 17,1-6)	그리스도는 영적 바위 (1코린 10,1-10)
시나이 계약(탈출 24,8)	새 계약(루카 22,20; 1코린 11,25)
이스라엘: 하느님 백성(탈출 19,6)	그리스도인: 하느님 백성(2베드 1,9)

“파스카 축일 오늘 지내오니, 참된 어린양 오늘 살해되시어. 그 피로 우리 마음 거룩해지나이다. 이 밤은, 주 친히 우리 조상 이스라엘 자손들을 이집트에서 불러내시어, 홍해 바다 마른 발로 건네 주신 거룩한 밤. 거룩한 이 밤은, 불기둥의 빛으로써 죄악의 어둠 몰아낸 밤…”(부활 성야 미사 중의 ‘부활 찬송’에서).

2. 탈출

1) 이스라엘 백성을 괴롭혀라(1장)

“르우벤, 시메온, 레위, 유다, 이사카르, 즈불룬, 벤야민, 단, 납탈리, 가드, 아세르”(1,2-4). 왜 탈출기 첫머리에 이집트로 내려간 이스라엘의 아들 열두 명의 이름이 다시 나올까요? 그 열두 명에게서 탈출할 이스라엘 백성이 형성되었

다고 보기 때문이고, 앞으로 벌어질 이집트 탈출 사건에 열두 지파가 모두 참여하였음을 강조하기 위해서입니다.

"이스라엘 자손들은 자식을 많이 낳고 늘어만 … 가득 찼다"(1,7). 하느님께서 창조 때 주신 복(창세 1,28)이, 특히 아브라함과 이사악과 야곱에게 주신 약속(창세 15,5; 참조: 17,6; 26,4; 28,14)이 이루어지고 있음을 알려 줍니다. 하느님께서는 당신의 약속을 반드시 지키는 분이십니다.

그런데 그들의 처지가 확 바뀝니다.

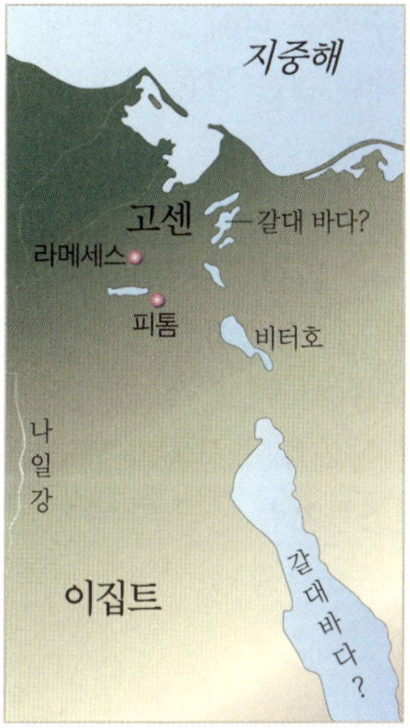

새로운 이집트 임금은 요셉의 사적 같은 과거의 역사를 모두 무시합니다. 자기 백성에게 '전쟁'이란 상처를 내걸어 설득하면서, 이제껏 공존하던 이스라엘 백성 같은 이민족들을 모두 강제 노동에 내몹니다. 이제 그들은 피톰과 라메세스 도성의 건설 현장에서 강제 노동을 해야 했습니다.

"그러나 그들은 억압을 받을수록 더욱 번성하고 더욱 널리 퍼져 나갔다"(1,12). 하느님께서 주시는 생명력, 복의 힘은 결코 인간의 폭력에 의해 꺾이지 않습니다.

파라오는 강제 노동으로 뜻을 이루지 못하자 산파들을 시켜 은밀하게 히브리인들의 사내아이들을 죽이도록 획책합니다. 그러나 임금보다 하느님을 더 두려워하는 산파들의 지혜 때문에 실패하자, 마침내 명령을 내립니다. 법이 선포된 것입니다. "히브리인들에게서 태어나는 아들은 모두 강에 던져 버리고, 딸은 모두 살려 두어라"(1,22).

2) 모세 - 아기에서 아버지로, 이집트 왕자에서 떠돌이로(2장)

이 어두운 시기에 레위 가문의 한 부부에게서 사내아이가 태어납니다. 아기의 어머니는 아기를 필사적으로 살리려고 왕골 상자에 넣어 갈대 사이에 놓고 기다립니다. 때마침 강에 나온 이집트 공주가 이 아기를 발견하고 불쌍하게 여겨 자기 아이로 삼습니다. 이렇듯 1-2장에 나오는 여성들은 한없이 무력한 아기들의 생명을 지키려 애쓰는 생명의 파수꾼, 살림꾼입니다.

고센 지역을 흐르는 나일강의 한 지류.

모세는 왕궁에서 자라 청년이 되었습니다. 팔자가 바뀐 그였지만, 자기의 근본을 잊지 않았습니다. 그는 어느 날 밖에 나가서 동족의 삶을 지켜보다, 동족을 괴롭히는 한 이집트 인을 죽여 몰래 파묻습니다. 다음날 다시 나가 싸우는 동족들을 중재하던 그는, 오히려 심한 반발을 받습니다. "누가 당신을 우리의 지도자와 판관으로 세우기라도 했소?"(2,14).

모세는 동족을 위한 정의감에서 살인까지 했지만, 동족의 지지는커녕 배척만 받은 데다가 파라오의 추격을 피해 급히 도망가야 했습니다. 살인으로 그는 현재의 안락한 삶은 물론 보장된 미래까지 몽땅 잃었습니다.

모세가 도망간 곳은 미디안 땅. 미디안족은 아라비아반도 동남부에서 시나이반도까지 유목 생활을 하던 이들이었습니다. 모세는 그곳 한 우물가에서 남성 목자들의 불의에서 여성 목자들을 지켜 줍니다. 그 덕분에 그는 미디안 사제 이트로의 사위가 됩니다. 맏아들 '게르솜'의 이름 뜻대로 그는 선조들처럼 낯선 땅에 사는 '이방인' 신세가 된 것입니다.

3) 모세야, 모세야!(3장)

오랜 세월이 흘러 이집트 임금이 죽었습니다. 하지만 달라진 것은 없습니다. 혹시나 하던 이스라엘 백성은 속절없이 하느님께 울부짖습니다(2,23). 어쩌면 이제까지 별 문제없이 살아올 때에는 절실하게 하느님을 찾지 않았는지 모릅니다. 평온한 일상을 깨는 사건이 터질 때, 우리는 고통 속에서 깨어나 다시 간절하게 하느님을 부릅니다.

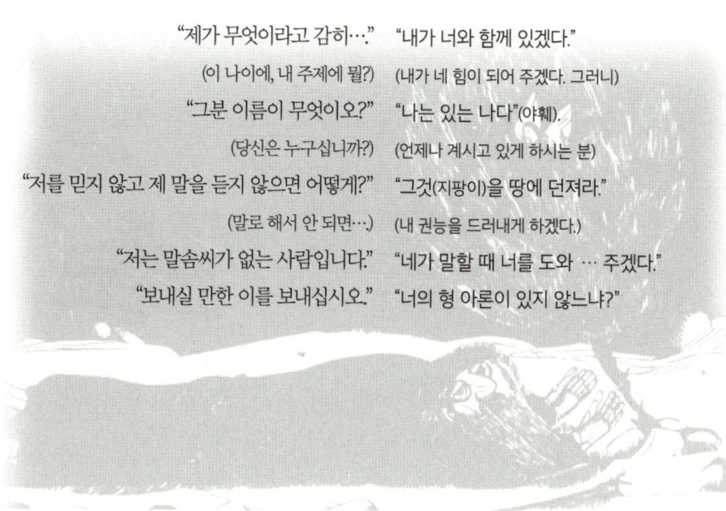

하느님께서는 세상이 외면하는 그들의 신음 소리를 들으십니다. 살피시면서 구원의 손길을 내미십니다. 그분은 지금도 그러하십니다.

모세의 목자 생활은 오랫동안 계속되었습니다. 머리엔 서리가 내리고 이 생활도 이력이 났습니다. 어느 날, 이러한 일상의 고요를 깨는 사건이 하느님의 산 호렙에서 벌어집니다. 하느님께서 그를 찾아오신 것입니다. "내 백성 이스라엘 자손들을 이집트에서 이끌어 내어라"(3,10). 모세는 당황하며 거부합니다. 하느님께서는 강제로 밀어붙이지 않고 계속 그를 설득하셔서 승복시키십니다.

우리 각자를 부르신 하느님께서는 지금도 우리와 함께하시며 도우십니다.

4) 어찌하여 저를 보내셨습니까?(4,18-7,7)

모세는 가족을 데리고 이집트로 돌아갑니다. 오랜 세월 외면했던 과거의 상처를 대면합니다. 그 용기는 하느님께서 주신 것입니다. 하느님께서는 모세의 여정에 시련을 주시어, 그의 소명이 결코 순탄치 않겠지만 용기를 잃지 않도록 격려해 주십니다. 모세의 이집트 귀환은 하느님에게서 파견된 자로 살아가는 소명의 출발입니다.

모세는 아론과 함께 이스라엘 백성의 원로들을 불러 모아 하느님의 말씀을 전해 주었습니다. "그러자 백성이 믿었다"(4,31). 진짜 문제는 파라오입니다. 이제 모세는 파라오 앞에 섭니다.

모세

"주 이스라엘의 하느님께서 말씀하셨습니다.
'내 백성을 내보내어 그들이 광야에서 나를 위하여 축제를 지내게 하여라.'
그러지 않으시면 그분께서 흑사병이나 칼로 저희를 덮치실 것입니다"(5,1.3).

"나는 그 주님을 알지도 못할뿐더러, 이스라엘을 내보내지도 않겠다"(5,2).
"그자들의 일을 더 힘들게 하여라.
그러면 그들이 일만 하느라 허튼 말에 귀를 기울이지 않게 될 것이다"(5,9).

파라오

혹 떼려다 혹 붙인 꼴이 된 모세가 하느님께 호소하자, 하느님께서는 다시 약속하십니다. "나는 주님이다. 나는 이집트의 강제 노동에서 너희를 빼내고, 그 종살이에서 너희를 구해 내겠다"(6,6). 이 약속은 어떻게 될까요?

5) 네가 나의 백성을 내보내지 않으면 (7,8-10,29)

왜 하느님께서 재앙을 내리시나?

하느님께서는 이스라엘 백성을 자유롭게 풀어 주라고 파라오에게 알리셨습니다. 그러나 파라오는 야훼 하느님을 알지도 못하거니와 알려고 하지도 않습니다. 그래서 하느님께서는 아직 당신을 잘 모르는 이스라엘 백성은 물론 파라오와 이집트 백성이 당신이 참된 하느님임을 알도록 그들을 깨우쳐 주려고, 말씀과 함께 자연현상을 통해 재앙을 내리십니다. 따라서 파라오와 실제로 대결하는 이는 모세가 아니라 하느님이십니다.

첫째 재앙: 나일 강물이 피가 되다
- 이집트 요술사들도 같은 재주를 부려 재앙을 키우다
- 파라오는 재앙 무시

둘째 재앙: 개구리 소동
- 파라오의 해방 약속 → 파기

셋째 재앙: 모기(해충들)의 습격
- 이집트 요술사들이 두 손 들다

넷째 재앙: 등에(각종 해충) 소동
- 파라오의 해방 약속 → 파기

다섯째 재앙: 가축들이 병에 걸려 죽다
- 이스라엘 백성의 가축은 죽지 않다

여섯째 재앙: 종기가 전국에 퍼지다
- 이집트 요술사들도 병에 걸리다

일곱째 재앙: 우박이 내려 가축과 작물을 해치다
- 파라오의 해방 약속 → 파기

여덟째 재앙: 메뚜기가 온갖 식물을 해치다
- 파라오의 해방 약속(장정들만 가라) → 파기

아홉째 재앙: 어둠이 사흘간 뒤덮다(태양신의 무력함)
- 파라오의 해방 약속(가축들은 남겨라) → 파기

전초전: 아론과 이집트 요술사들의 지팡이가 모두 뱀이 되었으나, "아론의 지팡이가 그들의 지팡이들을 삼켜 버렸다"(7,12). 이미 힘의 우열이 뚜렷이 드러난 셈인데, 이를 인정하지 않으니 더 센 경고가 나올 수밖에.

각종 현상에서 하느님의 뜻을 읽지도, 승복하지도 않는 파라오의 완고함이 오늘 우리 안에는 없을까요?

6) 이날 주님을 위하여 축제를 지내라(11,1-13,16)

파스카 접시

이제 마지막으로 열 번째 재앙이 선포됩니다. 이제까지의 재앙이 생활에 불편과 위협을 주는 것이라면, 마지막 재앙은 직접 생명에 관계되며 또 하느님께서 직접 주관하십니다.

이 마지막 재앙은 이집트의 모든 맏아들과 맏배를 죽이는 일입니다. 하느님께서는 이 죽음을 피하는 길로 파스카 예식 등을 지키도록 이스라엘 백성에게 지시하십니다.

파스카 예식은 본디 방목 생활을 개시하는 봄철에 가축의 안전과 번성을 비는 목축민들의 제사였습니다. 하지만 후에 이 예식은 이집트 탈출 사건과 연결되어 니산 달(정월, 양력 3-4월) 열나흗날에 하느님의 구원과 권능을 기리는 큰 축제로 자리 잡게 되었습니다.

맏아들과 맏배의 봉헌 예식은 열 번째 재앙에서 드러나듯, 모든 생명의 주인이 주 하느님이심을 고백하고 감사드리는 자리입니다. 하느님께서 선사하시고 지켜 주신 맏아들과 맏배를 봉헌하는데, 맏아들은 대속하고 맏배 수컷은 제물로 바치게 하였답니다.

무교절은 '누룩 넣지 않은 빵의 축제'이지요. 옛날 가나안의 농부들은 새 보리와 밀을 수확하는 봄철에 묵은 누룩을 넣지 않고 순전히 새 곡식으로만 빵을 만들어 수확을 기념하는 축제를 7일간 지냈어요.

나중에 이 축제는 파스카와 연결되어, 하느님께서 이집트 탈출 사건을 통해 주신 새로운 삶에 대해 감사드리는 축제가 되었지요.

7) 나는 주님께 노래하리라. 그지없이 높으신 분(13,17-15,21)

마침내 집안의 기둥이요 미래인 맏아들을 잃고 나서야, 파라오는 하느님께 굴복합니다. 하느님께서는 이스라엘 백성을 가장 빠른 길이지만 이집트 요새가 있어 실패할 수 있는 '필리스티아인들의 땅을 지나는 길'로 인도하지 않으십니다. 그 대신 멀고 험하나 안전한 '광야 길'로 이끄십니다.

하느님께서는 구름 기둥과 불기둥, 가장 잘 보이는 모습으로 당신 백성을 이끄십니다. 그분은 당신 백성을 '앞서 가시며' 모든 위험에서 지켜 주시고 그 백성 '앞에서 떠나지 않으십니다.' 우리 인생길을 이끄시는 하느님의 사랑은 항상 이렇듯 놀랍습니다.

그런데 마음이 변한 파라오의 군대가 추격해 오자, 바다와 추격대 사이에서 꼼짝 못하는 이스라엘 백성은 모세를 원망합니다. "이집트인들을 섬기는 것이 광야에서 죽는 것보다 나으니, 이집트인들을 섬기게 우리를 그냥 놔두시오"(14,12).

신앙생활을 하는 가운데 큰 위기에 처할 경우도 있지만, 하느님께서는 이렇게 격려하십니다. "두려워하지들 마라. … 주님께서 너희를 위하여 싸워 주실 터이니, 너희는 잠자코 있기만 하여라"(14,13-14).

하느님의 권능으로 이스라엘 백성은 바다 가운데로 '마른 땅'을 걸어 건넙니다.

또 한 번 죽음에서 생명을 건진 이스라엘 백성은 하느님의 위업을 찬미하는 노래를 부릅니다. "주님은 나의 힘, 나의 굳셈, 나에게 구원이 되어 주셨다. 이분은 나의 하느님, 나 그분을 찬미하리라"(15,2).

그리스도교에서 홍해를 건너는 것은 죽음에서 생명으로 건너간 '세례'를 의미합니다. 또 성경에는 모세의 노래 외에 드보라의 노래(판관 5장), 한나의 노래(1사무 2,1-10), 마리아의 노래(루카 1,46-55) 등 많은 찬가가 있습니다. 우리는 언제 찬미의 노래를 부릅니까?

3. 광야

1) 광야: 이스라엘 신앙의 못자리

홍해(갈대 바다)를 건넌 뒤 이스라엘 백성은 광야 길을 걷게 됩니다. 이 광야 여정은 가나안 땅에 들어갈 때까지 이어집니다. 그러니까 광야 체험은 이스라엘의 신앙사에서 무척 중요한 부분입니다.

광야는 어떤 곳?

엄격한 의미에서 광야는 사막과 다릅니다. 사막은 비가 거의 오지 않아 완전히 모래밭이 된 땅으로 인간이 살 수 없는 곳입니다. '사하라'(아랍어로 '사막'이란 뜻)가 그렇지요. 근동의 대부분 지역은 광야입니다. 거친 돌산과 메마른 땅이긴 하지만, 우기에는 제법 비가 오기 때문에 아카시아 나무와 일부 식물들이 자랄 수 있습니다. 그래서 베두인족이 양과 염소를 방목하며 살고 있죠.

광야는 이스라엘에게?

광야는 야생동물만 사는 황량한 곳으로(시편 102,7), 다윗 같은 도피자의 피신처로(1사무 23,14), 세례자 요한 같은 예언자의 일터로(마르 1,4), 예수님의 시험터로(마태 4,1-6) 두루 등장합니다. 하지만 무엇보다도 광야는 이스라엘이 하느님을 처음 만나 첫사랑을 나눈 보금자리로 기억됩니다. "이제 나는 그 여자를 달래어 광야로 데리고 가서 다정히 말하리라"(호세 2,16).

시나이 광야

2) 우리가 마실 물을 내놓으시오!(15,22-27; 17,1-7)

광야에서 살아가기는 힘듭니다. 그래서 여러 사건이 벌어집니다. 광야 사건의 진행 방식은 다음과 같습니다.

모세의 샘이라고 일컬어지는 시나이반도의 우물.

마라에서

이스라엘 백성이 사흘 길을 걸어가서 만난 물은 써서 먹을 수가 없었습니다. 그래서 백성은 모세에게 투덜거립니다. 모세가 하느님께서 보여 주신 나무를 물에 넣으니, 쓴 물이 단 물로 바뀝니다. 교부들은 십자나무로 인해 우리 인생이 죄의 쓴맛에서 구원의 단맛으로 바뀌게 되었다고 풀이했습니다.

르피딤에서

이스라엘 백성이 르피딤에서 마실 물이 없다고 다시 불평하자, 하느님께서는 모세에게 지팡이로 바위를 쳐서 물을 내도록 이르십니다. 그리하여 하느님의 권능과 자비가 이토록 놀랍기에, 온전히 그분을 신뢰해야 한다고 가르칩니다. 이 사건은 이스라엘이 하느님께 거역하고(므리바) 그분의 현존과 권능을 시험한 장소(마싸)로 두고두고 기억됩니다.

"아, 오늘 너희가 그분의 소리에 귀를 기울인다면!
'너희는 마음을 완고하게 하지 마라, 므리바에서처럼 광야에서, 마싸의 그날처럼'"
(시편 95,7-8).

3) 먹을 것을 주시오!(16장)

메추라기

불평: "아, 우리가 고기 냄비 곁에 앉아 빵을 배불리 먹던 그때, 이집트 땅에서 주님의 손에 죽었더라면! 그런데 당신들은 이 무리를 모조리 굶겨 죽이려고, 우리를 이 광야로 끌고 왔소?"(3절)

응답: "나는 이스라엘 자손들이 불평하는 소리를 들었다. 그들에게 이렇게 일러라. '너희가 저녁 어스름에는 고기를 먹고, 아침에는 양식을 배불리 먹을 것이다. 그러면 너희는 내가 주 너희 하느님임을 알게 될 것이다'"(12절).

결과: "저녁에 메추라기 떼가 날아와 진영을 덮었다."
"아침에는 … 서리처럼 잔 알갱이들이 광야 위에 깔려 있는 것이었다"(13-14절).

만나를 먹는 법

타마리스크 나무에 기생하는 곤충의 분비물이 만나와 비슷하다.

"이게 무엇이냐?(히브리어 *man hu*)"에서 나온 말인 만나는 하느님께서 주신 양식입니다. 하느님께서는 이 양식을 취하기 위한 세 가지 방법을 명령하십니다.

① "저마다 먹을 만큼 거두어들여라" - 차별 없이 필요한 만큼만 가져라.
② "아무도 그것을 아침까지 남겨 두지 마라" - 다음 날도 주시는 하느님을 신뢰하라.
③ "엿샛날에는 양식을 갑절로 거두어들여라" - 내가 수고하지 않아도 거저 주시는 하느님의 자비를 체험하라. 이날이 곧 안식일이다.

만나는 언제까지?

"정착지에 다다를 때까지 사십 년 동안"(35절) 광야 생활 내내 하느님의 자비로 산 이스라엘 백성 - 그래서 "그것(만나)을 증언판 앞에 놓아"(34절) 늘 기억하라!

4) 적이 쳐들어옵니다(17,8-16)

아라비아반도와 시나이 일대에 걸쳐 살던 아말렉족은 자기 영역에 새로 등장한 이스라엘을 줄곧 괴롭혔습니다. 여호수아가 직접 대적하여 싸우는 한편, 모세와 아론과 후르는 언덕에 올라가 기도합니다. 모세 일행이 기도하고 있을 때 이스라엘은 승리합니다. 하느님께서 도와주셨기 때문입니다.

모세가 제단을 쌓고 '야훼 니씨'('야훼는 나의 깃발'이란 뜻)라고 이름 붙인 것은, 야훼 하느님께서 당신 백성을 보호해 주시는 분임을 체험했기 때문입니다. 그분은 지금도 자유의 길을 걸어가는 이들을 막아 자기들의 기득권을 지키려는 세력을 꺾으십니다.

시나이 광야에서 만난 모세와 장인 이트로(18장)

아침부터 저녁까지 백성들의 모든 문제를 처리하느라 분주하고 지친 모세를 보고….

모세

"주님께서 이스라엘을 위하여 파라오와 이집트인들에게 하신 모든 일과 자기들이 도중에 겪은 모든 고생, 그리고 주님께서 자기들을 어떻게 구해 주셨는지 이야기하였다"(18,8).
- 하느님의 업적에 대한 증언 = 선교

"이집트인들의 손과 파라오의 손에서 자네들을 구해 주신 주님, … 찬미받으시리라! …
이제 나는 주님께서 모든 신들보다 위대하시다는 것을 알았네"(18,10-11).
- 참하느님으로 받아들이는 고백

이트로

'하느님을 두려워하며 참되게 살며 욕심이 없고 유능한 사람'을 뽑아 일을 나눠 맡길 것을 충고하다 - 관료제와 재판 제도를 시나이 계약 정신으로 운용할 것!

4. 시나이산

1) 시나이산 위에서 - 거룩한 민족이 될 것이다(19,1-20,17)

**"이제 너희가 내 말을 듣고 내 계약을 지키면,
너희는 모든 민족들 가운데에서 나의 소유가 될 것이다.
너희는 나에게 사제들의 나라가 되고 거룩한 민족이 될 것이다"(19,5-6).**

하느님께서 이스라엘 백성을 데려오신 까닭은?

하느님께서는 먼저 당신의 사랑을 체험케 해 주신 다음, 당신의 백성이 되도록 그들의 동의를 구하신다. 그분은 우리의 자유를 존중하신다.

처음 주신 열 마디 말씀

① 너에게는 나 말고 다른 신이 있어서는 안 된다: 우상 숭배 및 형상 제조 금지
② 주 너의 하느님의 이름을 부당하게 불러서는 안 된다: 헛된 맹세 등 금지
③ 안식일을 기억하여 거룩하게 지켜라: 일을 멈추고 하느님께 감사하며 경배하는 날
④ 아버지와 어머니를 공경하여라: 특히 늙으신 부모님을 잘 모셔라.
⑤ 살인해서는 안 된다: 모든 생명을 존중하고 지켜 주어라.
⑥ 간음해서는 안 된다: 각자의 성性과 혼인을 존중하라.
⑦ 도둑질해서는 안 된다: 삶에 꼭 필요한 소유물과 직업을 지켜 주어라.
⑧ 이웃에게 불리한 거짓 증언을 해서는 안 된다: 이웃의 명예를 존중하여라.
⑨ 이웃의 집을 탐내서는 안 된다.
⑩ 이웃의 아내나 남종이나 여종, 소나 나귀 할 것 없이 이웃의 소유는 무엇이든 탐내서는 안 된다
: 빼고자 하는 마음을 버려라.

2) 시나이산 기슭에서 - 법을 공포하여라(20,18-24,18)

하느님께서 직접 주신 '열 마디 말씀'(십계명)이 계약의 근본 규범이라면, 모세를 통해 주신 좀 더 상세한 규범을 '계약의 책'이라고 부릅니다.

…한 경우에는 …한 벌을 주어라

종에 관한 법과 살인, 과실치사 및 과실치상, 절도, 손해배상, 성폭행 등 일반 민·형사사건과 관련된 예들이 소개됩니다. 주변 국가와 달리 사람의 생명을 재산보다 중시하며, 신분에 따라 처벌을 달리하지 않는다는 게 큰 특징입니다. "눈은 눈으로, 이는 이로"(21,24) 같은 동태복수법도 있는데, 이는 무자비한 보복을 막기 위해, 특히 약한 이들을 강자에게서 보호하기 위한 법입니다.

계명을 선포하는 모세, 15세기, 알바 성경 삽화.

…하여라

어떤 경우에도 모든 이가 지켜야 할 규범으로, 하느님에 관한 내용(20,22-26)과 종교 규범(22,17-30)을 제시합니다. 특히 과부, 고아, 채무자 같은 사회적 약자들에 대한 특별한 보호와, 사회정의와 사회복지에 관한 내용은 시나이 계약 정신에 따른 것입니다.

시나이 계약의 체결

이스라엘 백성들이 이 모든 말씀을 지킬 것을 거듭거듭 동의하자, 모세는 수송아지의 피를 제단과 백성에게 뿌려 계약이 체결되었음을 밝힙니다. "이는 주님께서 이 모든 말씀대로 너희와 맺으신 계약의 피다"(24,8).

이것이 시나이 계약이요, 옛 계약입니다. 그리고 모세와 칠십인 원로는 하느님과 함께 식사하여 계약의 체결을 확증합니다.

3) 시나이산 위에서 - 성소를 지으라(25-31장)

왜 이렇게 길고 지루한 대목이 이어지는가?

시나이 계약에 이어 성막 건설에 대한 내용이 길게 나옵니다. 어찌 보면 아주 지루한 대목이지만, 많은 분량을 차지하고 있는 만큼 중요하고 의미 깊은 부분입니다. 하느님께서는 십계명과 계약의 책을 통해 당신 백성이 되는 기본 규범을 일러 주셨습니다. 이제는 당신의 백성이 당신을 올바로 섬기고 당신이 함께 계심을 체험할 수 있도록 구체적 종교 지침을 알려 주시는 것입니다.

하느님의 명령

모세는 하느님의 부르심을 받고 시나이산으로 올라갑니다. 하느님께서는 모세에게 이르십니다. "그들이 나를 위하여 성소를 만들게 하여라. 그러면 내가 그들 가운데에 머물겠다. 내가 너에게 보여 주는 성막의 모형과 온갖 기물의 모형에 따라 모든 것을 만들어라"(25,8-9).

성막과 부속 기물

① 계약 궤: 증언판(십계명판)을 넣어 하느님의 현존을 상징
② 등잔대: 빛으로 함께 계시는 하느님의 현존 상징
③ 제단: 희생 제물을 태우는 번제단

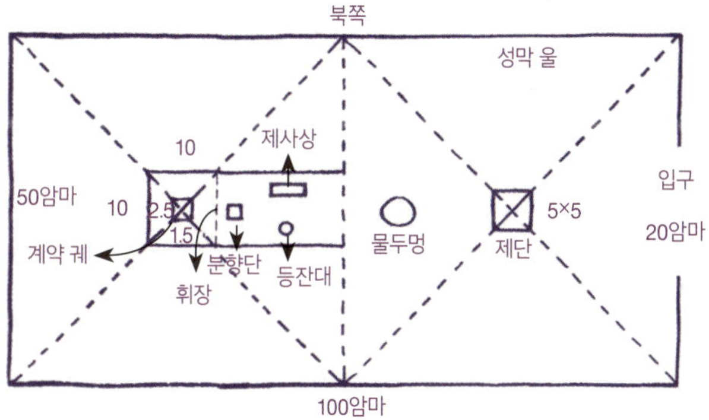

사제와 관련된 내용

사제가 입을 여러 종류의 옷과 임직식 준비, 제사의 종류, 사제가 다룰 여러 기물이 소개됩니다. 기술자와 안식일 준수 규정으로 지침은 끝납니다.

4) 시나이산 밑에서 - 신을 만들어 주십시오(32-33장)

산 아래에서: 아론과 백성

모세가 산 위로 올라간 뒤 오래도록 내려오지 않자, 백성은 두려워졌습니다. 그래서 아론에게 몰려와서 자신들을 앞장서서 이끄실 신을 만들어 달라고 조릅니다. 아론이 수송아지 상을 만들자 백성은 외칩니다. "이스라엘아, 이분이 너를 이집트 땅에서 데리고 올라오신 너의 신이시다"(32,4).

수송아지는 이집트와 메소포타미아 일대에서 강한 활력과 생명력을 지닌 존재로 여겨져, 흔히 신의 발판 또는 옥좌로 이용되었습니다.

산 위에서: 하느님과 모세

하느님: "네가 이집트 땅에서 데리고 올라온 '너의 백성'이 타락하였다. … 그들을 삼켜 버리게 하겠다."

모세: "'당신 백성'에게 내리시려던 재앙을 거두어 주십시오. 당신 자신을 걸고, … 당신의 종 아브라함과 … 기억해 주십시오."

산 아래에서: 모세와 이스라엘 백성

산 위에서 내려온 모세는 가지고 내려온 증언판을 깨뜨립니다. 이는 어떤 모습이든 하느님의 형상을 만들지 말라는 계명을 어겼음을 나타냅니다. 그리고 우상 숭배자를 처단합니다.

나시 산 위에서: 하느님과 모세

모세는 다시금 자신의 목숨을 내놓고 하느님의 용서를 청합니다. 하느님께서는 처벌도 하시지만, 만남의 장막을 통해 그들을 가끔 만나심으로써 용서하고 계심을 보여 주십니다. 모세는 계속해서 '하느님께서 저희와 함께 가지 않으시면' 안 된다고, 하느님께서 함께하시지 않으면 백성의 삶은 무의미하다고 강조합니다. 하느님께서는 그의 청을 다 들어주십니다.

5) 시나이산 위에서 - 나는 자비와 은총의 신(34장)

마침내 하느님께서는 다시 증언판을 써 주시겠다고 모세에게 약속하십니다. 깨진 계약을 회복시키시겠다는 약속입니다.

하느님의 선언

"주님은, 주님은 자비하고 너그러운 하느님이다. 분노에 더디고 자애와 진실이 충만하며 천대에 이르기까지 자애를 베풀고 죄악과 악행과 잘못을 용서한다"(34,6-7).

계약의 조문

재계약에 따른 열두 가지 의무 사항이 새롭게 부과됩니다. 이스라엘 백성이 가장 근본 되는 첫째 계명을 어겼기에, 그들이 하느님만을 섬기고 따를 수 있는 종교적 지침을 주십니다. 이것은 특히 가나안 땅에 갔을 때, 그들이 하느님 백성으로서 자신들의 정체성과 자유를 지킬 수 있는 길입니다.

① 다른 신 예배 금지 ② 신상 제조 금지 ③ 무교절 준수 ④ 맏아들·맏배 봉헌 ⑤ 안식일 준수 ⑥ 주간절 준수 ⑦ 추수절 준수 ⑧ 성지를 순례할 것 ⑨ 피를 누룩 든 빵과 함께 봉헌하지 말 것 ⑩ 파스카 제물을 묵히지 말 것 ⑪ 햇곡식을 바칠 것 ⑫ 새끼 염소를 어미 젖으로 삶지 말 것

계약의 재체결(34,27-28)

모세는 사십 일 동안 금식하면서 계약의 조문들인 십계명을 판에 기록하였습니다(앞에서는 하느님께서 써 주셨습니다: 31,18). 이로써 시나이 계약은 다시 회복되었습니다.

모세의 얼굴 변화

모세가 시나이산에서 내려올 때 얼굴 살갗이 빛나서 너울로 가려야 했습니다. 그런데 히브리어 '빛나다'를 비슷한 발음의 '뿔이 나다'로 오해하여 오랫동안 뿔 달린 모세로 이해하였답니다.

미켈란젤로, 뿔 난 모세상, 성 베드로 성당, 빈콜리.

6) 시나이산 기슭에서 - 성막의 완성(36-40장)

하느님의 용서를 받아 다시 하느님의 백성이 된 이스라엘 백성은 무엇을 하였는가?

모세가 하느님의 명령을 전하자마자, 곧 이스라엘 백성은 자원해서 넘치게 선물을 내놓고, 재주 있는 모든 사람이 성막을 짓는 데 일하겠다고 나섰습니다. 이집트 탈출 때부터 이제까지 받은 하느님의 사랑과 자비에 대한 감사의 마음이 우러나왔기 때문입니다.

그리하여 성막과 부속 기물, 사제의 옷이 차례로 만들어졌습니다. 항상 끝에는 "주님께서 모세에게 명령하신 대로"라는 구절이 반복됩니다(39,7.21.31.32.42). 한 번의 치명적 잘못을 용서받은 다음, 이제는 모든 것을 자기 식으로 하지 않고 하느님의 말씀대로 따랐다는 말입니다.

정월 초하룻날의 경사

마침내 모세는 둘째 해 첫째 달 초하룻날 성막을 완공합니다. 새해 새 역사의 시작을 뜻합니다. 그랬더니 하느님의 영광을 상징하는 구름이 성막에 가득 찼습니다. 이제 하느님께서는 당신 백성 한가운데 머무르시면서 그들을 이끌어 가십니다.

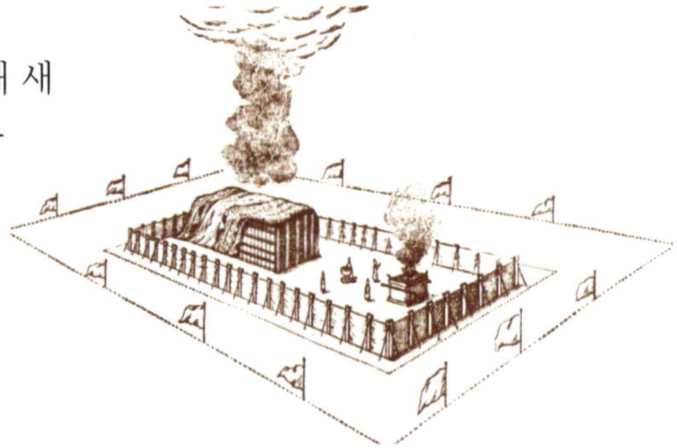

탈출기를 마치면서

탈출기 본문은 40,38로 끝나지만, 이야기는 계속 흘러갑니다. 완성된 성막에서 거행될 제의와 그 밖의 종교 규정이 레위기에, 다시 시작되는 광야 이야기가 민수기에, 광야의 끄트머리에서 다시 되돌아본 이야기가 신명기에 이어집니다. 오경은 하나의 긴 이야기입니다.

레위기

5주간

제1일: 레위 1,1-7,38
(시편 86,1-10)

제2일: 레위 8,1-10,20
(시편 134,1-3)

제3일: 레위 11,1-15,33
(시편 101,1-8)

제4일: 레위 16,1-20,27
(시편 40,1-5)

제5일: 레위 21,1-23,44
(시편 20,1-6)

제6일: 레위 24,1-27,34
(시편 96,1-13)

1. 입문

1) 레위기, 그 이름의 뜻

탈출기에 이어 나오는 레위기는 구약성경과 오경의 세 번째 책(두루마리)입니다. 이 성경이 어떤 내용을 담고 있으며, 성격이 어떠한지는 책 제목에 잘 나타나 있습니다.

유다인은 이 책을 '바이크라'(그리고 그가 부르시니, 그가 부르신다)라고 부릅니다. 이는 첫 구절에서 중요한 단어를 뽑는 유다인의 작명법에 따라, 레위기의 첫 단어를 따라서 붙인 이름입니다.

이 이름은 레위기의 내용이 '하느님께 부름받은' 이스라엘이 거룩한 백성으로 살아갈 수 있도록 한 각종 제사 규정과 정결례를 비롯해서, 이스라엘 백성 중에서 특별히 '따로 떼어 놓은' 레위인과 사제들을 위한 규정으로 이루어졌음을 잘 나타내 줍니다.

그리스어 성경은 책의 주요 내용을 제목으로 삼는 그리스식 작명법에 따라, 이 책이 레위 지파, 특히 사제들이 수행할 예식 규정을 담고 있다 하여 '레위티콘'이라고 이름 붙였습니다. 이 이름을 번역해서 '레위기'라 하였습니다.

2) 레위기는 거룩함을 가르치는 책

이스라엘 백성이 이집트를 탈출하여 시나이산에서 하느님과 계약을 맺는 시나이 전승을 배경으로 합니다.

이스라엘 공동체의 근원은 주(야훼) 하느님

↓

"주님께서 모세에게 이르셨다."
(38번에 걸쳐 제시된 전달 도식)

↓

레위기가 끊임없이 심어 주고자 한 것은 어떤 외적 제사가 아니고, 살아 계신 하느님과의 통교입니다.

↓

이스라엘 공동체가 거룩하게 살도록 촉구

↓

"나, 주 너희 하느님이 거룩하니 너희도 거룩한 사람이 되어야 한다."
(레위 19,2)

↓

성성聖性 혹은 거룩함은 구약성경 전체의 핵심 사상 중 하나이지만, 레위기는 특히 이 거룩함을 강조합니다.

↓

거룩하신 하느님

거룩한 백성

레위기는

하느님과 사람, 사람과 사람 사이에 가져야 할 근본 자세를 가르치고,

예수 그리스도의 속죄 제사를 유일하게 예시해 주는 책입니다.

3) 탈출기와 레위기의 관계

탈출기

↓

성막을 세우고
당신의 성소로 삼음

"너는
첫째 달 초하룻날에
성막 곧 만남의 천막을
세워라"(탈출 40,2).

↓

레위기

↓

모세를 성막으로
불러 말씀하심

"주님께서
모세를 부르신 다음,
만남의 천막에서 그에게
말씀하셨다"(레위 1,1).

레위기는 탈출기에 나타난 구원 사건이
일회적 체험이 아니라 영속적 체험이 될 수 있도록 한 책

정결례를 통해
하느님의
구원 사건을 기억 → ↓ ← 사회 전반에
구원 사건이
실현될 수 있도록

레위기의 전체 구성

1–7장: 다섯 종류의 제사 관련 규정
8–10장: 사제 축성 예식
11–15장: 정결과 부정에 관한 규정
16장: 속죄일
17–25장: 성결법
26장: 계명들의 요약
27장: 서원 예물의 값

2. 만남의 천막과 제사

1) 만남의 천막

주님께서 모세를
시나이산으로
불러 말씀하심

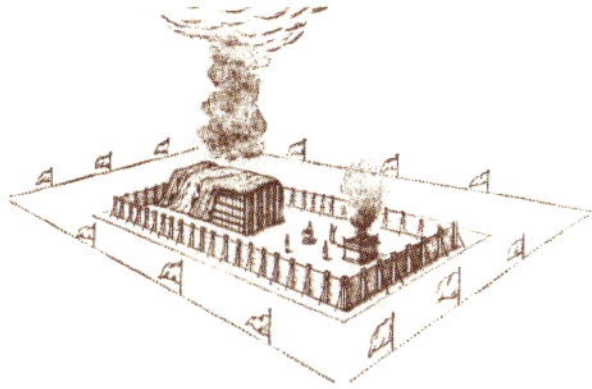

성막, 즉 이스라엘
공동체 안으로 내려오시어
그들 삶의 현장 가운데서,
매일 하느님의 백성으로 살아
가는 데 필요한 가르침을 주심

신약 시대에 와서
이 성막에서 말씀하신
하느님께서 사람이 되시어
우리 가운데 거처하심
(요한 1,14)

성막은 시나이산을 재현한 것

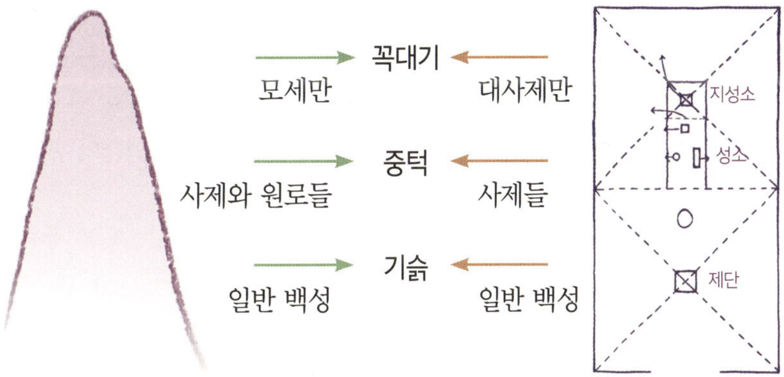

성막에 관한 말씀은 탈출기, 레위기, 민수기, 신명기, 히브리서에 나오는데,
모두 합치면 50장이 됩니다.
왜 성경에서는 이 많은 분량을 성막에 관해 할애할까요?

2) 성막의 구조와 기물

레위기에 나오는 각종 제사 규정을 이해하려면, 먼저 제사가 거행되는 천막(성막)의 구조와 그 기물에 대해서 잘 알아야 합니다. 성막은 아래 그림에서 보는 바와 같이 성막 뜰, 번제 제단, 물두멍, 성소, 지성소로 나뉘어 있습니다.

성막의 구조와 기물들의 모형.

성막 뜰

성막 뜰은 남쪽과 북쪽에 20개씩, 서쪽과 동쪽에 10개씩 기둥을 세우고 아마포 휘장을 둘러 불필요한 사람이나 들짐승의 접근을 막습니다. 나아가 성막의 내부와 외부를 구분하여, 거룩한 곳과 거룩하지 않은 곳을 구별합니다.

동문

하느님을 만나는 장소인 성막 안으로 들어가는 문은 동쪽에 하나밖에 없고, 이 문을 통해서만 성막 안으로 들어갈 수 있습니다. "나는 문이다. 누구든지 나를 통하여 들어오면 구원을 받고, 또 드나들며 풀밭을 찾아 얻을 것이다"(요한 10,9). 예수 그리스도만이 하느님과 인간의 유일한 중재자이십니다.

뿔 달린 번제 제단

뿔은 하느님의 무한한 능력을 상징합니다. 사제들은 네 귀퉁이에 뿔이 달린 번제 제단 위에 제물을 올려놓고 제사를 드립니다. 죽임 당한 희생 제물은 죗값이 죽음이라는 것을 확인시켜 줍니다. 여기서 우리는 죄인을 구원하시는 하느님의 무한한 능력이 우리 죄를 대신해서 희생 제물로 십자가에 매달리신 예수 그리스도를 통해 나온다는 것을 기억해야 합니다.

제사상, 13세기, 페르피그논 성경 삽화.

등잔대, 13세기, 페르피그논 성경 삽화.

물두멍

여기서 사제들이 손과 발을 씻습니다. 씻음은 죄를 벗고 깨끗해짐, 곧 정화淨化를 의미합니다. 세례성사를 통해 단 한 번 씻음으로써 그리스도인은 하느님의 자녀가 됩니다.

제사상

제사상 위에는 항상 신선한 제사 빵 열두 개를 차려 놓고 그 위에 유향을 두어 향내를 풍깁니다. 대사제는 이 빵을 먹고 하느님을 섬기는 직분을 수행합니다. 예수 그리스도께서도 당신 자신을 우리에게 생명의 양식으로 주셨습니다(요한 6,35 참조).

등잔대

성소 남쪽에 놓인 순금 등잔대는 생명 나무를 연상시킵니다. 이 등잔대에서 흘러나오는 빛이 성소를 밝힙니다. 우리는 성소에서 흘러나오는 이 빛에 주목하면서, 오늘 우리 인생의 빛은 어디에서 오는지 생각해 보아야 하겠습니다. "나는 세상의 빛이다"(요한 8,12).

분향 제단

항상 하늘을 향해 향기로운 향을 피워 언제나 하느님께 기도해야 한다는 것을 일깨워 줍니다. 또한 예수님께서 유일한 중재자로서 우리를 위해 성부께 기도해 주신다는 것을 가르쳐 줍니다.

휘장

성소와 지성소 사이에는 휘장이 있어, 대사제만이 지성소에 들어갈 수 있습니다.

휘장 모형

계약 궤, 13세기, 페르피그논 성경 삽화.

이 원칙을 무시하고 휘장을 열고 들어가면 그 결과는 죽음뿐입니다(레위 16,2). 그러나 예수님께서 숨지실 때에 "성전 휘장이 위에서 아래까지 두 갈래로 찢어져"(마태 27,51) 지성소로 나아갈 수 있는 길이 열렸습니다. 즉 하느님을 만날 수 있는 길이 마련된 것이지요.

계약 궤(증언 궤)

지성소에 들어가면 계약 궤가 놓여 있습니다. 궤 안에는 만나를 담은 항아리, 싹이 난 아론의 지팡이, 십계명이 새겨진 증언판이 들어 있습니다. 계약 궤는 광야에서 이스라엘 백성을 인도하시고 인간 삶을 주관하시는 하느님의 현존을 상징합니다.

계약 궤의 뚜껑은 항상 닫혀 있는데, 그 뚜껑이 바로 속죄판입니다. 대사제는 일년에 한 번 자신과 백성의 속죄를 위해 속죄판 위와 앞에 피를 뿌리며 속죄 예식을 거행했습니다. 우리는 예수 그리스도의 피로 인해 우리 죄를 용서받고 하느님을 아버지라고 부를 수 있게 되었습니다.

커룹

계약 궤를 덮은 속죄판 위에는 마주 보고 서 있는 커룹의 형상이 있었습니다(탈출 25,18-20; 37,6-9; 민수 7,89). 커룹은 에덴 동산의 생명 나무에 이르는 길을 지키고(창세 3,24), 주님을 태우고 다니며(시편 18,11; 2사무 22,11), 또 시종으로서 하느님을 모시는 천상 존재입니다. 따라서 휘장의 커룹은 하느님의 거룩하심을 지키는 역할을 한다고 봅니다. 특히 예루살렘 성전에는 높이 4-5미터나 되는 거대한 커룹상 두 개가 지성소를 지켰습니다(1열왕 6,23-28; 8,6-7).

3) 구약의 주요 제사

번제
(1장)

숫소, 숫양,
숫염소, 비둘기
모두 살라 바침

생명 자체를 드리는 제사

곡식제
(2장)

소금 친 고운 곡식 가루와 유향
일부만 태우고
나머지는 사제의 몫

행위의 성별을 상징

친교제
(3장)

소, 양, 염소
기름기는 태우고
갈비 · 오른쪽 뒷다리는 사제의 몫

생명에 대한 경외심과 두려움을 나타냄

속죄제
(4,1-5,13)

황소, 숫염소, 암염소, 암양,
비둘기, 곡식 가루 등
기름기는 사르고
나머지는 진영 밖에서 처리

하느님 자비의 통로

보상제
(5,14-26)

숫양
기름기는 사르고
나머지는 사제의 몫

보상에 초점

* 모든 제물은 흠 없는 것으로

나는 주로 어떤 종류의 제사를 드리고 있습니까?

4) 구약의 제사와 신약의 제사

이스라엘 초기에는 감사·찬미·친교의 성격을 지닌 제사가 제일 중요하였으나, 바빌론 유배 이후에는 속죄·보속·보상으로 제사의 성격이 변합니다. 한 분이신 하느님을 배반한 이스라엘 백성의 죄 때문에 나라가 멸망했다고 보았기 때문입니다. 하지만 유배 이전이든 이후든 제사는 인간을 하느님과 연결시키는 고리 역할을 하였습니다.

그리스도교 전통은 구약의 모든 제사를 그리스도의 희생 제사의 예표로 수용하였습니다. 예수님께서 성부의 뜻에 순명하여 인류에 대한 사랑으로 당신 생명을 바쳤듯이, 우리도 우리 자신을 성부께 바쳐야 합니다. 그리고 그 완성인 미사 전례 안에서 그리스도의 희생 제물과 하나가 되어 주님의 영광을 드러내야 합니다.

구약의 희생 제사		신약의 희생 제사(히브 8,1-10,18)
옛 것 ①	—	① 새 것
불완전한 제사 ②	—	② 완전한 제사
그림자 ③	—	③ 실체
하위의 질서 ④	—	④ 상위의 질서
대사제: 레위 지파 ⑤	—	⑤ 대사제: 예수 그리스도
제물: 가축, 비둘기 ⑥ 고운 곡식 가루, 기름, 유향	—	⑥ 제물: 예수 그리스도
제주: 대사제 ⑦	—	⑦ 제주: 예수 그리스도
모든 희생 제사에도 불구하고 인간은 죄에서 구원받지 못하였다.		단 한 번의 십자가상 죽음으로 우리를 죄에서 구원하여 하느님의 자녀가 될 수 있도록 하셨다.

5) 사제가 할 일(8-10장)

레위 8장은 아론과 그의 아들들을 사제로 임명하라는 하느님의 지시(탈출 29장)가 그대로 이행되었음을 잘 보여 줍니다. 이 임직식에서 모세는 하느님과의 계약의 중재자라는 권위를 가지고 이스라엘 백성을 위하여 예식을 주관합니다. 이로 인하여 아론과 그의 아들들은 사제 직분을 맡아 성막에서 봉사할 자격을 갖게 됩니다.

하나	둘	셋
주님과 백성의 중재자로서 자신의 성화에 힘쓰며,	희생 제사를 주관함으로써 백성이 고백한 죄를 받아들여 하느님께 용서를 청하며,	율법상의 문제에 관해 하느님의 말씀을 선포한다.

"그(아론)의 머리에 쓰개를 씌우고, 얼굴 앞쪽 쓰개 위에 금패를 달아 준 다음, 거룩한 관을 씌워 주었다"(8,9).

3. 정결과 부정

레위 11-15장의 정결과 부정不淨에 관한 규정은 제사법, 성결법과 더불어 이스라엘 백성이 진정한 의미의 거룩한 공동체가 되어야 함을 일깨워 줍니다. 여기서 부정이란 일시적이긴 해도 경신례(제사)에 참석할 수 없다는, 즉 하느님 백성의 자격이 상실되었다는 뜻이 담겨 있습니다.

11장

부정한 음식이나 그릇을
만져서 생기는 부정

12장

출산으로 인한
여인의 부정

이 정결법의 배경에는
날마다 계속되는 삶이 정화되어야 한다는
정신이 깔려 있습니다.
정결 예식은 7일이나 그 이상의 기간을 기다린 다음,
물로 씻거나 불에 태우고 속죄 예식을 바칩니다.

13-14장

피부병 환자의 의복 및
집안 환경의 부정

15장

월경 및 성생활과 관련된
유출물이 일으키는 부정

1) 왜 부정한가?(11-15장)

부정한 것에 닿아 생기는 부정(11장)

정결한 것과 부정한 것을 정확히 어떤 기준으로 구분했는지는 모릅니다. 학자들은 경신례적, 위생적, 체험적 기준으로 구분했으리라는 가설을 내세웁니다. 그중에서 이스라엘 백성이 체험에 의해 그들에게 부여된 생명을 증진하느냐 혹은 위협하느냐에 따라서 정결한 것과 부정한 것을 구분하였다는 가설이 설득력 있어 보일 뿐입니다. 이 금령은 먹을거리의 정결, 즉 거룩한 식사를 드러내고 있습니다.

출산으로 인한 여인의 부정(12장)

	남자아이	여자아이
부정한 기간	7일	14일
집에 있는 기간	33일	66일
산모의 정결	40일 만에	80일 만에

창세기에서는 다산多産을 하느님의 복으로 보는데(창세 1,28; 15,4-5 등), 레위기에서는 출산을 부정한 것으로 봅니다. 따라서 레위기의 정결 규정은 '왜 부정한가?'에 초점을 맞추기보다 '어떻게 온전하게 될 수 있는가?'에 주안점을 둔 것으로 보아야 합니다.

옛날 사람들은 몸에서 나오는 모든 것이, 온전성을 손상시킨다고 생각하였습니다. 정상적인 삶에서 벗어나는 것으로 믿었던 것이죠. 출산한 여인을 부정하게 여긴 것도, 출산 시에 생명을 상징하는 것(탯줄, 피)을 잃어버려 온전성이 손상된다고 보았기 때문입니다.

산모가 부정을 벗는 예식을 할 때, 남아보다 여아의 기간이 긴 것은 여성을 경시하는 사회적 배경에서 나왔습니다.

피부병 환자의 의복 및 집안 환경의 부정(13-14장)

부정의 원인이 되는 여러 가지 조건 중에서 전염되는 한센병(나병)이 가장 두렵고 치명적이었습니다. 한센병은 살아계신 하느님과 관계를 유지할 수 없는, 생명력의 소멸과 죽음의 구렁텅이를 의미했기 때문이지요. 피부병으로 인한 부정도 마찬가지입니다. 이때 사제는 정결과 부정의 유무를 판단하고 정화 예식을 거행하였습니다. 우리는 여기서 고대의 격리 수용법과 예방 의학 규범도 엿볼 수 있습니다.

"다만 사제에게 가서 네(나병 환자) 몸을 보이고
모세가 명령한 예물을 바쳐,
그들에게 증거가 되게 하여라"(마태 8,4).

월경 및 성생활과 관련된 유출물이 일으키는 부정(15장)

사람의 몸에서 나오는 정상적인 유출(정액, 월경)과 비정상적인 유출(악성 유출)에 관한 규정이 제시됩니다. 예방과 치료를 위해 "씻어라"는 처방이 내려집니다. 아울러 속죄제와 번제를 바칩니다.

아론 계열의 사제들은 제2의 이집트 탈출이 지속적인 해방의 삶, 즉 거룩한 삶에 있다고 봅니다. 이스라엘 공동체가 날마다 해방의 삶을 산다는 것은, 레위기의 언어 표현을 빌린다면 죄의 멍에에서 벗어나 자유롭게 산다는 것이지요. 레위기는 이 해방의 삶이 가정에서 시작되어야 한다고 말합니다. 먹을거리(11,1-47), 출산(12,1-8), 피부 관리(13,2-46; 14,1-33), 환경(13,47-59; 14,33-53), 성생활(15,1-33) 등 삶의 모든 면이 거룩하고 깨끗하게 되어야만, 이스라엘의 내일이 밝아진다고 믿었으니까요.

오늘 우리의 삶은 하느님께 드리는 거룩한 제사가 되고 있습니까?

4. 성결법전(17-25장)

'성결법전'이라는 명칭은 "나, 주 너희 하느님이 거룩하니 너희도 거룩한 사람이 되어야 한다"(19,2)는 말씀에 근거합니다. 성결법聖潔法의 특징은 주 하느님의 거룩하심과 인간이 거룩해져야 함을 계속 강조하는 데 있습니다. 거룩해지기 위해서는 하느님과의 일치를 방해하는 우리 안팎의 모든 장애 요소를 피해야 하는데, 그 길이 여기에 제시됩니다.

"너희는 나의 규칙들을 지키고 그것들을 실천해야 한다. 나는 너희를 거룩하게 하는 주님이다"(20,8).

짐승을 잡는 장소와 방식(17장)

먹기 위해 정淨한 짐승을 잡을 경우 그것을 경신례적 행동으로 봅니다. 따라서 일단 성막으로 가져다가 예물로 주님께 바쳐야 했습니다(17,3-9). 또 다른 이유는 성막 밖에서 짐승을 죽일 경우 우상에 빠지거나 다산에 대한 욕구로 인해 음행을 범할 수 있었기 때문에, 성막 안에서 짐승을 잡도록 했습니다.

"나,
주 너희 하느님이
거룩하니

성과 결혼과 가족의 거룩함(18장)

이집트와 가나안의 그릇된 성풍속을 따르지 말라고 명령합니다. 그 이유는 신앙의 차원에서 타민족과 구별되기 위해서이며, 친척은 자기 육신의 연장이기에 근친혼으로는 종족을 보존할 수 없다는 것입니다. 미래를 보장받고 종족을 보존하기 위하여 추악한 성생활을 피해야 한다는 가르침입니다.

일상생활의 거룩함(19장)

하느님의 거룩함이 이스라엘 백성의 삶 전체에 드러나야 함을 강조합니다. 19장에서는 탈출 20장에 나오는 십계명의 문체를 교리 교육적으로 바꾸어 썼습니다. 그런 맥락에서 주님의 뜻이 이스라엘 사회의 근간임을 밝히고, 신명기의 전통을 이어받아서 모든 사람이 한 형제라는 것을 부각시켰습니다. "네 이웃을 너 자신처럼 사랑해야 한다. 나는 주님이다"(19,18)라는 말씀을 예로 들 수 있습니다.

너희도
거룩한 사람이
되어야 한다."

창조의 생명력은 법의 실천을 통해

17-25장에는 "나는 주 너희 하느님이다"라는 구절이 각종 의무의 종결 부분에 끊임없이 반복되고 있습니다. 이것은 창조의 생명력이 법의 실천을 통해 보존될 수 있다는 것을 보여 줍니다.

5. 주님의 축일들(23장)

목축 생활을 하던 히브리인들은 가나안에 정착한 후에 그곳 농경문화의 영향을 받아 우기가 시작되는 가을철을 한 해의 시작으로 삼았습니다(탈출 23,16; 34,22 참조). 그렇지만 요시야 임금 이후부터 바빌로니아 달력에 따라 봄을 새해의 시작으로 하여 한 해를 계산했습니다(2사무 11,1; 1열왕 20,22.26; 1역대 20,1).

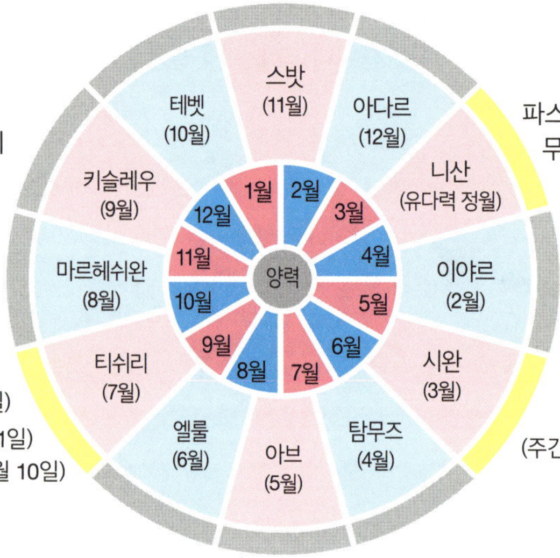

이렇게 두 가지 달력 체계에 따라 발달한 축제는 오랜 역사를 거쳐 오는 동안 혼합되었습니다. 그래서 성경에는 양력 3-4월에 걸쳐 있는 니산 달을 첫째 달이라고 하면서도, 새해를 양력 9월 중순에 해당하는 티쉬리 달에 맞기도 합니다. 또한 이스라엘 백성은 안식일과 여러 축제를 통하여, 하느님과 관계를 새롭게 하고 공동체의 결속을 다졌습니다.

이스라엘의 3대 축제는 파스카, 오순절(주간절), 초막절입니다.

1) 안식일(샤밧)

① 하느님께서 6일 동안 창조 사업을 마치시고 제7일에 쉬셨음을 기념
② 이스라엘 백성이 이집트에서 해방되었음을 기념

히브리어 샤밧(*Shabbat*)은 본래 멈춤, 중지의 의미를 지니며, 일주일의 마지막 날인 제7일(토요일)을 가리키는 말로 쓰였습니다. 창세 2,1-4을 보면 하느님께서 안식일에 천지 창조를 완성하시고 쉬셨으며, 이날을 강복하시어 거룩한 날로 성별하셨다고 기록되어 있습니다. 즉 여기 나오는 샤밧은 하느님께 바쳐진 날로, 이날 하느님의 강복을 통해 6일간의 일이 거룩하게 되고 완성되지요.

2) 오순절(샤부옷)

파스카로부터 '50일째 되는 날'이라는 뜻의 오순절은 고대부터 계속되어 온 추수감사절이었습니다. 밀과 보리 등 곡물의 수확에 대해 감사드리는 날이므로 누룩 없는 빵을 바치는 파스카와는 달리 누룩을 넣어서 빵을 구웠습니다. 기원후 70년 예루살렘 성전이 멸망한 후 라삐 시대 때 오순절의 의미가 변화되어 시나이산에서 율법을 받은 사건(탈출 19,1)을 기념하는 축제가 되었습니다.

파스카와 달리 오순절에는 특별한 의식이 따로 없고, 회당에 모여 오경을 읽습니다. 특히 십계명을 봉독하고 룻기를 읽습니다. 우유로 만든 제품을 먹기도 하는데, 그 까닭은 율법을 매일 마시는 우유에 빗댈 수 있기 때문입니다. 또 삼각형으로 생긴 납작한 케이크를 구워 먹는데, 그 이유는 성경이 오경·예언서·성문서와 같이 세 부분으로 나뉘어 있음을 기억하기 위해서입니다. 신약 시대의 성령강림은 이스라엘의 전통 축제인 오순절에 일어난 사건입니다(사도 2장).

3) 새해맞이와 속죄일(욤 키푸르)

속죄일은 7월 10일 하루이지만, 새해 첫날인 '로쉬 하샤나'(유다 달력으로 티쉬리 달의 첫날과 이튿날에 해당함)부터 시작하여 '10일의 참회 기간'을 속죄일을 준비하는 기간으로 보냅니다.

예루살렘 성벽 앞에서 뿔 나팔을 불어 새해를 알린다.

속죄일의 참된 희생 제사는 하늘에 닿을 만큼 최선의 노력을 기울이는 마음의 낮춤, 겸손함입니다. 속죄일은 '무엇을 하는 날'이 아니므로 사교 모임이 일체 없습니다. 오직 단식만 있습니다. 유다인은 먹거나 마셔서도 안 되고, 씻거나 기름을 발라서도 안 되며, 가죽 신발을 신거나 성관계를 가져서도 안 됩니다.

그러나 이날은 슬픈 날이 아닙니다. 다른 단식일에는 유다인들이 성전 파괴의 비통함을 여러 단계로 애통해하지만, 속죄일은 속량을 위한 최종 기회가 허락된 날입니다. 이날에 비록 온 세상이 심판을 받는다 할지라도 유다인은 공동체로서 속량을 약속받습니다. 속죄일의 단식은 슬픔을 나타내기 위함이 아니라, 먹지도 마시지도, 씻지도, 기름을 바르지도 않는 하늘의 천사들을 그대로 모방함으로써 거룩한 축제를 나누기 위함입니다.

속죄일 예식은 성전이 있던 시절에 대사제가 행하던 대속죄일 의무를 상기시킵니다. 가장 거룩한 이날에만, 대사제가 모든 백성을 위해서 탄원하려고 지성소에 들어갈 수 있었음을 기억합니다. 뿔 나팔을 힘차게 부는 가운데 모든 회중이 "내년에는 예루살렘에서"라고 외침으로써 속죄일 예식을 마칩니다.

4) 초막절(수콧)

초막절 축제는 속죄일을 지낸 지 5일 후인 7월 15일부터 7일간 계속됩니다(23, 34-36). 이 축제도 오순절 축제와 마찬가지로 수확을 감사하는 농경 축제였으나, 훗날 광야 생활을 기억하는 날이 되었습니다.

> "이는 내가 이스라엘 자손들을 이집트 땅에서 이끌고 나올 때,
> 초막에서 살게 하였던 일을 너희가 대대로 알게 하려는 것이다. 나는 주 너희 하느님이다"(23,43).

초막절의 가장 큰 특징은 수콧(*Sukkot*, 초막들)이라는 이름이 말해 주듯이, 이 기간에 집을 떠나 임시 오두막에서 생활하는 데 있습니다. 즉 가정의 안정을 떠나 별이 바라보이는 야외에서 지냄으로써 상처받기 쉬운 우리의 유약함을 기억합니다. 스스로 택한 (초막의) 광야 생활 중에, 가족이 함께 어울리는 데서 오는 기쁨과 더불어 다른 이들과 음식을 나누는 기쁨을 체험함으로써, 우리는 서로 의존해서 살아가는 존재임을 상기합니다.

또 하나의 특징은 기쁨입니다. 초막절에 읽는 성경에는 세 번이나 '기뻐하라'는 내용이 나옵니다. 하느님은 기뻐하는 마음 속에 현존하신다고 말합니다. 이러한 초막절의 기쁨 속에는, 속죄일에 죄를 용서받은 것에 대한 기쁨도 포함됩니다.

5) 희년(주님의 은총의 해)

희년은 히브리어로 '요벨'입니다. 어원은 확실하지 않지만 '숫양의 뿔'이라고 해석하기도 하는데, 희년을 선포할 때 숫양의 뿔로 만든 나팔을 불었기 때문입니다. 그 기능에 따라서 해방의 해(이사 61,1 참조), 대사면의 해, 기쁨의 해 등으로 불렸습니다.

안식년	희년
빚을 탕감해 주고 종을 자유롭게 하며 땅을 놀리는 데에 그 특징이 있습니다.	안식년의 규정을 다 이행하고 제 아버지의 집으로 돌아가 땅을 되찾고 가족과 재회하는 데에 그 특성이 있습니다.

이스라엘의 희년은 안식년을 일곱 번 지낸 그 다음 해에 맞는, 한 세기에 단 두 번 지내는 민족의 종교 축제였습니다. 하지만 희년의 윤리적 요구는 누구나, 언제나, 어디서나 실천해야 할 도리입니다.

레위 25장에 나타난 희년의 개념과 메시지는(탈출 23,10 이하; 신명 15,1 이하 참조) 예언 전승(예레 34장; 이사 58장; 61장)을 거쳐 예수께서 선포하신 하느님 나라로 이어지면서 그리스도교 정신의 중심이 됩니다. 그러므로 예수님께서 성취하신 희년은 진정한 '기쁨의 해'가 됩니다(루카 4,18-21 참조).

민수기

6주간

제1일: 민수 1,1-6,27
(시편 87,1-7)

제2일: 민수 7,1-10,10
(시편 84,1-13)

제3일: 민수 10,11-19,22
(시편 107,1-16)

제4일: 민수 20,1-24,25
(시편 107,17-22)

제5일: 민수 25,1-30,1
(시편 135,13)

제6일: 민수 30,2-36,13
(시편 117,1-2)

1. 입문

1) 민수기, 그 이름의 뜻

레위기에 이어 나오는 민수기는 구약성경과 오경의 네 번째 책(두루마리)입니다. 이 성경이 어떤 내용을 담고 있으며, 그 성격이 어떠한지는 책 제목에 잘 드러납니다.

유다인들은 이 책을 '베미드바르'(광야에서)라고 부릅니다. 이 말은 민수 1,1의 네 번째 단어인데요, 성경 본문을 시작하는 첫 구절에서 중요한 단어를 뽑는 유다인들의 작명법에 따라 붙인 이름입니다. 이 이름은 하느님께서 성조들에게 약속하신 후손과 땅의 복을 받기 전에 거쳐야 할 시련의 장場인 광야 체험을 이 책의 초점으로 삼았음을 잘 보여 줍니다.

그리스어와 라틴어 역본에서는 유난히 숫자가 많이 나오는 이 책을 숫자를 가리키는 '아리트모이'와 '누메리'(Numeri)로 각각 번역했어요. 여러 번의 인구 조사, 병적 조사가 나오기 때문에 이 책의 이름에 '수數'라는 글자가 들어갔다고 봅니다. 우리말 성경 이름 '민수기'도 이러한 그리스어 역본의 성경 이름에 따른 중국어 성경 이름 '民數紀'(민수기) 에서 나왔습니다.

이스라엘 백성의 수가 불어난다는 것은 하느님께서 약속하신 후손 번성의 강복이 이루어지고 있음을 나타내는 표징입니다.

2) 민수기는 광야의 기록

민수기는 시나이 광야에서(1,1) 약속의 땅 입구 모압 벌판까지 이르는(36,13) 이스라엘 백성의 여정이 기록된 성경입니다.

1-10,10: 탈출기, 레위기에 기술된 제도들의 설정을 완료하는 내용
10,11-22,1: 이스라엘이 광야에서 40년간 방랑하는 기간 중에 일어난 일을 기술
22,2-36,13: 이미 정복한 땅과 앞으로 정복할 땅에 대한 지침

민수기는 유일하게 '광야'를 주제로 다루고 있습니다.

민수기의 구조

광야 여정
(10,11-22,1)
약 39년 소요

시나이산
(1,1-10,10)
19일간 체류

모압 벌판
(22,2-36,13)
약 5개월간 체류

광야에서 40년이라는 세월을 보냄

"아론 사제가 주님의 분부에 따라 호르산에 올라가 그곳에서 죽으니,
그때가 이스라엘 자손들이 이집트 땅에서 나온 지
사십 년 되는 해 다섯째 달 초하룻날이었다"(33,38).

광야에서 형성되는 하느님 백성

하느님께서는 이스라엘 백성이 메마르고 황량한 광야, 적막함과 두려움, 이방 민족들의 위협에도 불구하고 하느님의 말씀으로 번성하고 조직되고 강화되는 민족으로 성장하도록 이끄셨습니다. 이 광야 시기를 성경 저자들은 여러 방식으로 묘사합니다.

나에게 광야 시기는?

하느님과 이스라엘의 약혼 기간
- 호세아(2,16-25)
- 예레미야(2,2-3)

이스라엘 백성이 하느님께 계속 부정不貞을 저지른 시기
- 에제키엘

하느님께서 이스라엘을 훈련시키신 교육 기간
- 신명기계 사가

광야의 이스라엘은

(1) 한 곳에 지속적으로 정착하지 않고 약속의 땅으로 계속 나아가는 백성이며
(2) 외부에서 오는 영향을 받지 않고 자기 고유성을 간직하는
(3) 참된 하느님의 백성으로 형성되어 가는 과정 중에 있는 민족입니다

2. 시나이산 출발 준비(1,1-10,10)

1) 인구 조사와 레위인 성별(1-4장)

> "너희는 씨족과 집안에 따라 이스라엘 자손들의 온 공동체의 수를 세어라.
> 모든 장정을 하나하나 호명하며 세어라"(1,2).

이스라엘은 시나이 출발을 앞두고 사상 처음으로 인구를 조사합니다. 이 과정을 통해서 그들은 "자식을 많이 낳고 번성하여 땅을 가득 채우고 지배하여라"(창세 1,28) 하신 말씀과, 아브라함을 통해 큰 민족을 이루어 주겠다(창세 12장)고 하신 하느님 약속이 이미 이루어지고 있음도 깨닫게 되었을 겁니다. 또한 언제나 그들과 함께 계시면서 그들을 이끌어 주셨던 하느님을 새롭게 신뢰하며, 이제 떠나야 할 광야 길에 믿음과 희망도 가질 수 있었겠지요.

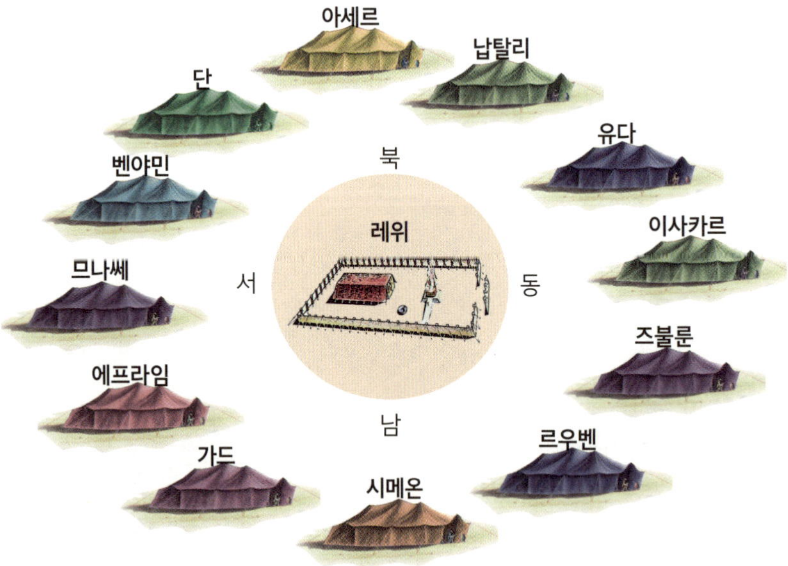

진영의 중심에는 성막이 있습니다.
이것은 이스라엘 공동체 한가운데에
하느님께서 함께 계심을 상징합니다.

2) 진영과 공동체의 정화 규정(5-6장)

"내가 이스라엘 자손들 가운데에 머무르는 진영을 그들이 부정하게 만들지 않도록 해야 한다"(5,3).

이스라엘이 있는 곳은 단순한 장소라기보다 하느님께서 함께 계신 모임이므로 더럽혀져서는 안 됩니다. 그래서 하느님께서는 신체적으로 부정한 자에 대한 처리, 손해배상, 간음한 경우와 나지르인들에 대한 법규, 그리고 사제들의 축복 양식 등 법 규정을 주십니다. 그들이 하느님 백성으로서 품위와 정결을 유지해 나갈 수 있도록 길을 마련해 주신 것입니다.

또한 야훼 하느님은 하느님께 특별히 봉헌된 나지르인에 대한 규정과 그들 삶의 의미를 제시합니다. 나지르인들은 '하느님의 몫'으로 있겠다고 서약한 사람들이지요. 오늘날 수도자와 비슷하다고 할 수 있습니다.

3) 출발에 따른 제의 준비(7,1-10,11)

"이스라엘 자손들이 이집트 땅에서 나온 그 이듬해 첫째 달,
주님께서 시나이 광야에서 모세에게 이르셨다.
'이스라엘 자손들은 정해진 때에 파스카 축제를 지내야 한다'"(9,1-2).

주님의 말씀대로 성막을 세우고 모든 기물을 성별한 후 지파별로 예물을 바침으로써, 이스라엘의 열두 지파는 하느님 말씀 안에서 결속되고 잘 조직된 하느님 백성의 면모를 갖추게 되었습니다. 이제부터 하느님과 백성의 대화는 모두 이 성막에서 이루어질 것입니다.

그런데 성막에서 하는 모든 봉사는 레위 지파의 몫이지요. 따라서 레위 지파의 직분은 이스라엘 백성을 모두 구원하시고자 그들 가운데 머무르시는 하느님을 드러내는 것이어야 합니다. 그들의 봉사를 통해 이스라엘 백성은 자신들이 하느님의 백성이고, 주님께서 이스라엘의 하느님이심을 인식하고 고백하기 때문입니다.

3. 모압에 이르기까지 40년(10,11-22,1)

시나이산을 출발한 이스라엘 백성은 약속의 땅을 향해 구름 기둥의 신호와 모세의 명에 따라서 광야를 행진합니다. 떠나고 머물며 여행하는 주체는 이스라엘 백성이어도, 그들을 이끌고 움직이는 분은 하느님이시죠.

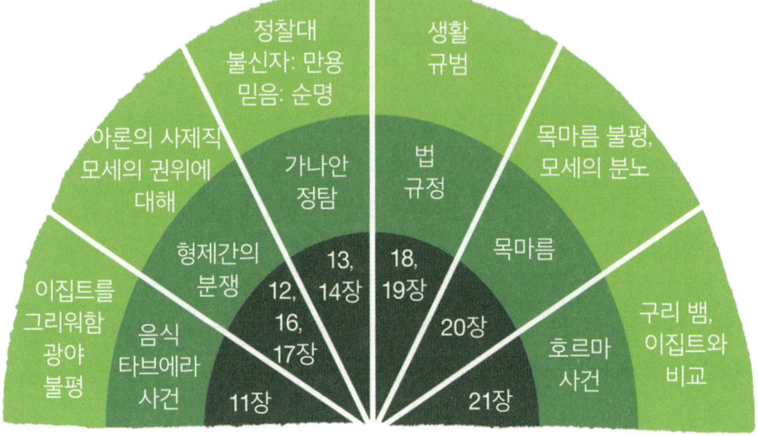

광야 여정 구조도

모세는 파란 광야의 카데스 바르네아에서 열두 명을 뽑아 가나안 땅을 정탐하라고 보냅니다. 그런데 그들이 돌아와서 칼렙과 여호수아를 제외하고는 모두 가나안 진입을 겁내고 이집트로 돌아가자고 합니다. 이 불순종으로 말미암아 이스라엘 백성은 광야에서 40년 가까이 더 떠돌아야 했습니다.

민수기에 나오는 광야 생활의 특성

(1) 하느님의 특별한 돌보심

“그들은 주님의 분부에 따라 진을 치고, 주님의 분부에 따라 길을 떠났다”(9,23).

이스라엘은 광야에서 여러 가지 사건을 통해 “주 너희 하느님이 너희를 기억하여, 너희 원수들에게서 너희를 구해 줄 것이다”(10,9)라는 말씀을 체험했습니다. 이스라엘 백성 가운데 하느님 현존을 알려 주는 이 말씀은 어떤 상황에서든지 야훼 하느님만이 그들을 구원해 주시리라는 믿음의 고백입니다.

실제로 민수기에는 광야에서 겪은 위기가 9번 이상 제시되는데, 그때마다 하느님께서는 모세의 중재를 통하여 구원의 손길을 펼치십니다.

(2) 이스라엘 백성의 불신과 불평

민수기의 광야 유랑에서 부각되는 것은 이스라엘 백성의 계속된 불평과 완고함입니다. 아울러 그러한 이스라엘을 계속 용서하며 당신의 백성이 되는 여정으로 이끌어 가시는 하느님의 은혜가 강조됩니다. 하느님께서는 이스라엘을 시나이산 계약을 통해 당신 백성으로 삼으셨으나, 아직 그들 자신은 하느님 백성다운 면모를 갖추지 못했습니다. 그들은 생존의 차원이 아니라 더 편해지기 위해 불평합니다. 매일 만나를 양식으로 받으면서도 이집트의 고기 냄비를 그리워하고, 그들을 탈출시키신 하느님의 뜻과 사랑을 왜곡하며, 하느님께서 세우신 모세의 권위 등에 대해 불평합니다.

민수기가 전하는 중요한 메시지 중 하나는 '하느님께서는 죄인들로 이루어진 백성을 선택하셨다는 사실'입니다. 이스라엘이 광야를 횡단할 수 있었던 것은 그들이 우수했거나 지도자가 훌륭했기 때문이 아닙니다.

다만 한결같으신 사랑으로 함께하시고 한번 맺으신 약속에 충실하신 하느님 덕분이었습니다.

4. 모압 벌판에서(22,2-36,13)

가나안 땅 입구에 도착한 이스라엘은 요르단강을 건너기에 앞서 약속의 땅에 들어가기 위한 최종 준비와 과제를 짚어 봅니다. 무엇보다도 모압 벌판에 머무는 동안 몸소 다가와 구원해 주시는 하느님을 깊이 체험하게 됩니다.

1) 발라암의 신탁과 우상 숭배(22,2-25,18)

모압 임금 발락은 이스라엘 백성의 침공이 두려운 나머지 그들을 저주해 달라고 유명한 점쟁이 발라암을 부릅니다. 그러나 발라암은 하느님의 영감을 받고 이스라엘에게 저주 대신 축복을 내립니다. 더구나 장차 별 하나가 솟아 주변 나라를 정복하리라는 신탁을 선포합니다. 유다 지파를 통해 다윗 왕조가 일어나고 장차 오실 메시아까지도 내포하는 예언입니다.

그런데 불길한 예고라 할까요, 이스라엘은 40년 가까이 광야에서 하느님을 믿고 따르며 사는 연습을 했지만, 막상 현실에서 모압 여인들의 모습과 종교의식 등을 보고 분별을 잃습니다. 시팀에서 프오르의 신 바알에게 경배한 일은, 마치 오늘날 물질문명이 거대한 힘으로 우리의 가치관을 뒤흔드는 것과 같다고 할까요?

주님의 천사가 발라암의 나귀를 막다, 4세기, 로마 카타콤 벽화.

2) 두 번째 인구 조사와 땅의 분배(26,1-36,13)

가나안 땅 진입을 앞두고 이스라엘은 두 번째로 인구 조사를 실시합니다. 광야 생활 40년 동안 주님께서 말씀하신 대로 많은 무리가 죽고(26,65) 이스라엘 공동체 안에 새로운 세대가 등장했기 때문입니다.

가나안 땅에 들어가게 되면 이스라엘은 하느님께서 뜻하신 대로 땅을 분배해야 합니다. 또 광야 생활에서 정착 생활로 바뀌는 근본적 변화를 앞두고 있기에, 주님의 백성이라는 정체성을 간직하려면 안팎의 쇄신 작업이 필요했습니다. 이러한 의미에서 두 번째 인구 조사는 중요했습니다.

3) 후계자 임명(27,12-23)

모세는 약속의 땅을 바라보기만 하고 들어갈 수는 없었습니다. 하느님께서는 모세가 친 광야에서 당신의 분부를 거역하였기 때문이라고 말씀하시지만(27,14), 믿음직하고 충성스러운 모세가 더는 완고한 백성에게 시달리는 것을 원하지 않으셨을지도 모르겠습니다. 그런데 지도자 모세는 약속의 땅 앞에 와서 그곳에 들어갈 수 없다고 서운해하지 않고, 목자 없는 양이 된 이스라엘을 걱정하여 후계자를 정해 달라고 간청합니다. 이에 하느님께서는 언제나 당신 뜻에 믿음으로 응답했던 여호수아를 뽑아 모세의 후계자로 세우십니다. 이제까지 모세는 주님께 직접 여쭈어보았는데, 여호수아는 사제를 통해서 신탁을 받습니다.

약속의 땅에 들어가서 이스라엘 백성이 해결해야 할 과제

●	●●
이교도들이 살던 땅을 정화하고 우상과 신상을 없애 버리는 일	이스라엘 지파별로 제비 뽑아 가나안 땅을 나누어 가지는 일

광야에서 형성된 하느님 백성 공동체는 바로 신약의 교회를 예표합니다

교회는 세상의 광야를 여행하고 있는 하느님의 백성입니다. 민수기는 오늘 우리에게 교회가 하느님의 말씀으로 다스려지고, 늘 주님의 현존을 증거하며 주님께서 이끄시는 곳으로 끊임없이 나아가는 공동체라고 가르칩니다.

신명기

7주간

제1일: 신명 1,1-4,49
(시편 85,9-14)

제2일: 신명 5,1-11,32
(시편 119,1-16)

제3일: 신명 12,1-19,21
(시편 112,1-10)

제4일: 신명 20,1-26,15
(시편 26,1-12)

제5일: 신명 26,16-28,69
(시편 100,1-5)

제6일: 신명 29,1-34,12
(시편 90,1-17)

1. 입문

1) 신명기, 그 이름의 뜻

민수기에 이어 나오는 신명기는 오경의 마지막 책(두루마리)입니다. 이 성경이 어떤 내용을 담고 있으며, 그 성격이 어떠한지는 책 제목에 잘 드러납니다.

유다인들은 이 책을 '드바림'(말들, 말씀들)으로 부릅니다. 이 단어는 히브리 성경 신명 1,1의 두 번째 단어입니다. 신명기가 요르단강 동쪽 아라바 광야에서 모세가 모든 이스라엘인에게 선포한 말씀, 가르치고 타이르는 훈계의 말씀임을 잘 나타냅니다.

그리스어(칠십인역) 성경은 신명 17,18의 "율법의 사본"을 '데우테로노미온'(두 번째 법, 반복한 법)으로 옮겼습니다. 이는 신명기가 시나이 율법 다음가는 법이라는 뜻이 아니라, 시나이 법을 다시 권고하며 설명한 가르침이라는 뜻입니다. 우리말 성경 이름 신명기도 이러한 그리스어 역본의 성경 이름에 따른 중국어 성경 이름 '申命紀'(신명기)에서 나왔습니다. 하느님께서 명하신(命) 말씀을 되풀이한(申) 기록이라는 뜻입니다.

신명기는 율법을 실생활에 적용하여 설교한 것으로, 전체적으로 계약의 책(탈출 21-23장)과 흡사한 점이 많습니다.

2) 신명기는 모세의 설교집

신명기의 무대는 모압 땅입니다. 오경에서 백성의 여정을 보면, 이스라엘 백성은 탈출 19,1에서 시나이 광야에 도착하여 레위기를 거쳐 민수 10,10까지 진영을 옮기지 않았습니다. 그리고 민수 10,12에서 다시 시나이 광야를 출발하여 광야 여정을 계속하였고, 마침내 요르단 건너편 모압 땅에 도착하게 됩니다. 여기서 모세는 가나안 땅에 들어가 살게 될 신세대 이스라엘을 향하여, 그들이 가나안 땅에서 살 때 지켜야 할 삶의 정신과 태도를 세 차례에 걸쳐 설교합니다.

"모세는 요르단 건너편 모압 땅에서 이 율법을 설명하기 시작하였다"(1,5).

신명기의 구조

첫 번째 설교	두 번째 설교	세 번째 설교	덧붙이는 글
(1,1-4,43)	(4,44-28장)	(29-30장)	(31-34장)
회고와 권유	계명과 법령	축복과 저주	모세의 축복과 죽음

신명기의 본문은 유다의 히즈키야 임금(기원전 715-686년경)부터 바빌론 유배 시기(기원전 587-538)까지 여러 차례 편집되어 완성되었습니다.

3) 신명기의 중심 사상

(1) 한 분이신 하느님

"이스라엘아, 들어라! 주 우리 하느님은 한 분이신 주님이시다"(6,4).

유일하신 주 하느님에 대한 믿음은 이스라엘의 모든 사상을 지배합니다. 그래서 주님께 대한 온전한 충실성이 강조되며 하느님이 한 분이시듯 성소도 하나요, 법도 하나며, 백성도 하나여야 합니다. 주님께서 주신 율법은 절대적이어서 어떤 것도 첨가하거나 삭제할 수 없고, 그분을 섬기는 장소는 오직 한 곳 예루살렘이어야 하며, 예식도 통일되어야 합니다.

(2) 하나의 백성(선민)

"너희가 주 너희 하느님의 거룩한 백성이며, 주 너희 하느님께서 너희를 선택하시어…"(7,6).

이스라엘은 하느님께서 선택하신 백성입니다. 특별히 하느님의 소유가 된 백성이죠. 여기서 '이스라엘은 야훼(주님)

의 백성, 야훼(주님)는 우리의 하느님'이라는 문구가 계약 신앙의 핵심을 나타내는 표현으로 자주 쓰이게 되었습니다. 야훼는 당신 백성을 사랑하셨으므로, 계약관계에 놓인 선민 이스라엘은 그들의 하느님이신 야훼께 충실해야 한다는 것입니다. 신명기는 율법을 통해서 이스라엘의 정체성을 새롭게 가다듬으려 합니다.

(3) 하나의 경신례

한 분이신 하느님, 하나의 백성은 하나의 경신례로 연결됩니다. 신명기는 '주님께서 선택하신' 예루살렘에서의 제사를 강조합니다.

2. 첫 번째 설교(1,1-4,43)

모세는 이스라엘이 지나온 이집트 탈출과 광야 여정을 회고하면서, 백성에게 호의와 사랑을 베풀어 주신 하느님을 믿고 의지하며 계약의 법에 순종하라고 호소합니다.

3. 두 번째 설교(4,44-28장)

1) 구조

(1) 십계명 설교(5-11장)

신명 5장의 십계명은 탈출 20장의 십계명과 약간 차이가 나며, 십계명 중에서도 하느님에 대한 사랑의 실천을 강조합니다.

(2) 신명기 법전(12-26장)

신명기에서 가장 먼저 만들어져 '원原신명기'라고 불립니다. 이 법전은 계약 법전(탈출 21-23장)과 유사하나, 훈화 내지 설교의 형태라는 점이 크게 다르고 개별법에 대한 해석도 약간 차이가 납니다.

(3) 하느님과 계약 체결(27-28장)

스켐 성소에서 거행된 계약 예식 때 사용된 것으로 보이는 저주와 축복의 율법이 언급됩니다. 하느님께서 택하셨다고 해서 저절로 복을 받는 것이 아니라, 인간이 하느님의 뜻에 온전히 순종하고 협력할 때 복을 받습니다.

요나탄 임금을 위한 기도문, 기원전 1세기, 쿰란 출토.

* 오경의 세 가지 법전은?

① 계약 법전(탈출 21-23장): 시민법 및 종교법
② 성결 법전(레위 17-26장): 제사법의 종류, 경신례법
③ 신명기 법전(신명 12-26장): 종교, 사회생활 전반에 관한 법규

> "이스라엘아, 들어라!
> 주 우리 하느님은 한 분이신 주님이시다.
> 너희는 마음을 다하고 목숨을 다하고
> 힘을 다하여 주 너희 하느님을 사랑해야 한다"(6,4-5).

2) 셰마 기도

"이스라엘아, 들어라"(6,4)

히브리어 '셰마 이스라엘(שְׁמַע יִשְׂרָאֵל)'로 시작하는 이 대목(6,4-9; 11,13-21)을 '셰마 기도'라고 부릅니다. 바빌론 유배

성구갑, 18세기 초, 성서와함께 소장.

이후 지금까지 유다인들은 날마다 아침저녁으로 이 기도를 바쳤습니다. 이 셰마 기도는 수천 년 동안 모든 세계 사람과 이스라엘을 구분하는 가장 중요한 기도입니다. 이스라엘 사람들이 얼마나 하느님을 사랑하려고 노력하는지 알 수 있습니다.

"너희 손에 표징으로 묶고 이마에 표지로 붙여라"(6,8)

* 셰마 성구 두루마리를 넣은 성구갑을 이마에 매는 까닭은?
  셰마 기도문을 늘 기억하려고.
* 왼팔에 성구갑을 감는 까닭은?
  셰마 기도문대로 살되 마음(왼팔은 심장 가까이에 위치)으로 행하라는 뜻에서.

"오늘"

신명기에 자주 나오는 '오늘'은
- 약속의 땅 문턱에서 모세가 이스라엘 백성에게 설교한 날
- 후대의 사람들이 이 책을 봉독하는 날(29,10-15 참조)
⇒ 바로 우리에게, 하느님의 말씀이 선포된 오늘

"문설주와 대문에도 써 놓아라"(6,9)

이스라엘 사람들은 셰마 기도문을 양피지에 손으로 써서 작은 함에 넣고 문설주에 매달았습니다. 이 함을 히브리어로 '메주자'라고 합니다. 어느 유다인이든지 새로 이사를 가면 가장 먼저 현관문 오른편에 메주자를 매답니다.

이 메주자는 7년에 한 번씩 바꾸는데 메주자 앞면에 쓰인 글자(ש)는 샤다이(שדי *Shaddai*)를 나타내는 약자입니다. 샤다이는 '전능하신 주'라는 뜻이자 '대문의 보호자'라는 뜻도 있습니다. 유다인들이 문을 드나들 때마다 메주자를 만지며 셰마 기도를 바쳐 메주자는 반질반질해져 있습니다.

은으로 만든 메주자

4. 세 번째 설교(29-30장): 하느님의 길을 따르라

29장: "우리는 이 율법의 말씀을 실천해야 한다"(28절). 이집트에서 해방시키신 야훼 하느님의 구원 업적을 상기시키며, 계약을 철저하게 준수하라고 강조합니다.

30장: "너희와 너희 후손이 살려면 생명을 선택해야 한다"(19절). 하느님의 말씀을 지키는 길이 참삶의 길이며, 계약의 의무를 지키면 행복과 생명이 따르고 안 지키면 불행과 죽음이 따를 것이므로 반드시 순종하라고 권유합니다.

5. 덧붙이는 글(31-34장)

신명기와 오경의 결론으로 모세 시대와 여호수아 시대를 이어 주는 역할을 합니다.

31장: 여호수아를 후계자로 세움 - 백성의 미래 준비
32장: 모세의 노래 - 구원을 베푸신 하느님을 찬양
33장: 모세의 축복 - 열두 지파의 미래 축복
34장: 모세의 죽음 - 느보산에서 120살로 운명

모세의 생애

(1) 출생

"히브리인들에게서 태어나는 아들은 모두 강에 던져 버리고…"(탈출 1,22).

모세는 생존 가능성이 매우 희박한 상황에서 태어났습니다. 어린 모세의 생명은 보잘것없는 여인인 산파, 어머니와 누이, 그리고 이방인 파라오 공주의 손길로 건져졌습니다. 나약한 생명을 구하기 위해 힘없는 여인들을 도구로 쓰

시는 하느님의 섭리는 훗날 벌어질 해방의 일면을 보여 줍니다.

(2) 성장

"당신은 이집트인을 죽였듯이 나도 죽일 작정이오?"(탈출 2,14).

모세가 단순히 동족 의식과 젊은 혈기로 매맞는 동족을 구하려 했을 때는 결국 살인자가 되어 미디안 땅으로 도망갈 수밖에 없었습니다. 동족을 위하려는 의도가 아무리 좋아도 아직 하느님과 만나지 않은 해방은 진정한 해방이 아닙니다.

(3) 소명

"내 백성 이스라엘 자손들을 이집트에서 이끌어 내어라"(탈출 3,10).

모세는 타서 없어지지 않는 떨기나무의 한가운데에서 솟아오르는 불꽃을 보며 하느님의 현존을 민감히 체험했습니다. 그 체험은 그를 파라오 앞에서도, 40년 광야의 황량한 여정에서도 불굴의 선구자로 나서게 했던 힘이 되었습니다.

(4) 일생

"이스라엘에는 모세와 같은 예언자가 다시는 일어나지 않았다"(신명 34,10).

모세는 참으로 이상적인 지도자였습니다. 그는 임금이 아니었으나 백성을 다스리며 억압받는 자의 소리를 들을 줄 알았고 하느님 백성의 선익을 위하여 헌신하였습니다. 그는 군사 지도자가 아니었으나 백성을 적에게서 보호하고 전쟁 중에 있는 자기 백성을 위해 기도드렸습니다.

모세는 정의를 폈다는 의미에서 판관이었으며, 백성을 위해 하느님의 뜻을 전달해 주었다는 점에서 예언자였고, 자신의 소명을 다한 뒤 홀연히 떠날 줄 아는 구도자였습니다.

요르단 동편에서 바라본 약속의 땅 팔레스티나.

역사서 전체 보기

신명기계 역사서와 역대기계 역사서

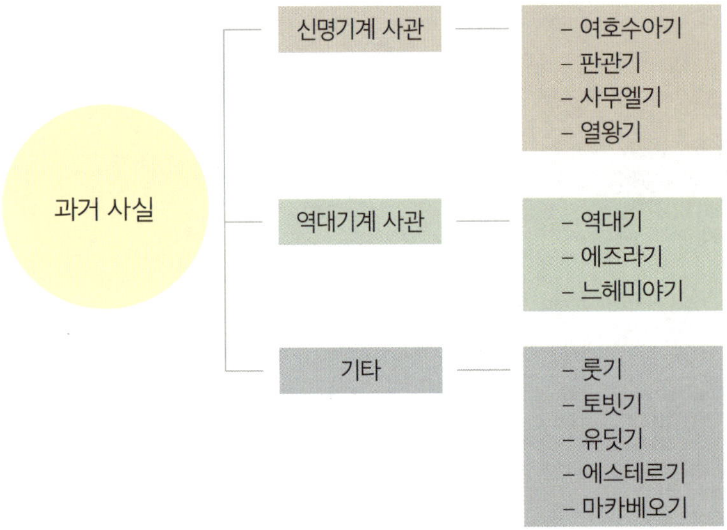

- 신명기계 역사서:
  이스라엘이 바빌론에서 유배 생활을 하고 있는 현실에서 출발하여 과거와 현재를 조망합니다.

- 역대기계 역사서:
  연감이나 일지 형식의 기록이기는 하나, 객관적 역사 사실에 대해 정확하게 기록하기보다 그 사건에 관한 해석과 교훈에 관심을 둡니다.

- 기타:
  역사적 사건과 연관된 일정한 인물들을 설정하여 설화체로 역사적 사실을 해석하고 교훈을 줍니다.

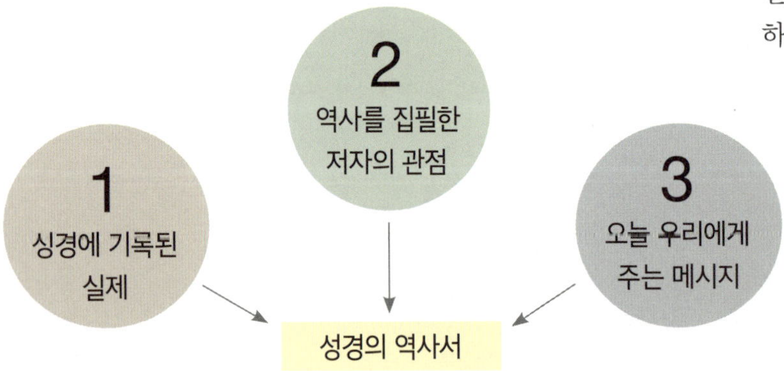

역사서는 성경 저자가 과거의 사건을 신앙의 눈으로 다시 보고 기술한 책입니다. 그러므로 우리도 이 역사서를 신앙의 눈으로 다시 읽으면 이 시대를 비추는 하느님의 말씀을 깨닫게 됩니다.

여호수아기

8주간

제1일: 여호 1,1-8,35
(시편 5,1-8)

제2일: 여호 9,1-17,18
(시편 76,2-13)

제3일: 여호 18,1-24,33
(시편 44,1-5)

1. 입문

1) 책의 이름과 저자

여호수아기는 구약성경의 여섯 번째 책이고, 역사서의 첫 번째 책입니다. 이 책을 여호수아기라고 부르는 까닭은 여호수아가 썼다는 유다인 전승(바빌로니아 탈무드) 때문입니다.

그런데 여호 24장에 여호수아의 죽음에 대한 기사가 나오고, 여호수아가 지시하여 세워진 기념물이 "오늘날까지 거기에 있다"(4,9)는 구절로 보아, 여호수아기는 여호수아가 쓴 것이 아니라 오랜 시간에 걸쳐 형성된 여러 전승을 누군가가 체계적으로 기술하였다는 걸 알 수 있어요. 오늘날 학자들은 그렇게 기술한 사람들을 '신명기계 역사가'라 부릅니다.

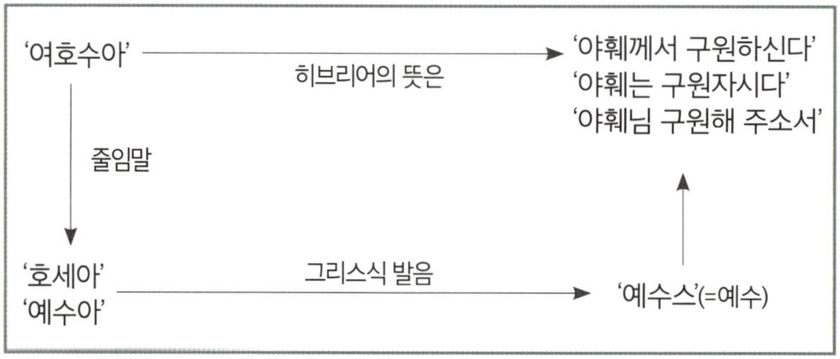

우리 주님의 이름 '예수'를
히브리식으로 부르면
'여호수아' 또는 '예수아'가 되지요.

2) 구조

여호수아기는 무엇보다도 땅을 주시는 하느님, 곧 당신의 약속과 계약에 성실하신 하느님을 강조합니다. 야훼 하느님께서는 창세기에서 성조들에게 하신 약속, 이스라엘 민족을 이집트에서 탈출시키면서 그들에게 하셨던 당신의 약속을 이루십니다. 그런 면에서 여호수아기는 약속의 완성을 알리면서 또 새로운 시대를 여는 성경이라고 할 수 있습니다.

> "힘과 용기를 내어라.
> 내가 이 백성의 조상들에게 주기로
> 맹세한 땅을 이 백성에게
> 상속 재산으로 나누어 줄 사람은
> 바로 너다"(1,6).

여호수아기의 구조

요르단강 서편 정복 (1-12장)	지파별로 땅 분배 (13-22장)	덧붙이는 글 (23-24장)
지침과 준비(1,1-5,12)	땅 분할(13-19장)	고별 연설(23장)
정복 전쟁(5,13-12,24)	도피 성읍(20-22장)	스켐 집회(24장)

여호수아기는 하느님 구원사의 출발점이기도 합니다. 하느님께서 당신의 자비로 이 땅을 선사하셨다면, 이스라엘이 이 땅을 어떻게 지키며 가꾸어 갈 수 있는지가 가장 중요한 과제로 떠오릅니다.

3) 역사적 배경

이집트 탈출 연대를 대략 기원전 13세기 중엽으로 본다면, 이집트를 떠난 이스라엘 백성이 가나안 땅에 들어온 때는 대략 기원전 1220-1200년으로 추정할 수 있습니다.

이 시대의 가장 큰 변화

철기 사용 확산	물 저장 기술 발전
도끼나 쟁기 등이 단단해져 숲이나 산등성이 개간 가능	석회 반죽으로 빗물을 저장해 샘이 없는 곳에서도 거주 가능

이집트에서 탈출한 이스라엘은 처음부터 산악 지방에 몸 붙여 살았습니다. 산악 지방은 가나안 성읍 국가의 철 병거가 공격해 올 수 없어 퍽 안전하였습니다.

"산악 지방이 너희 소유이니, 그 수풀 지대를 개간하여 그 경계 끝까지 차지하여라. 가나안인들이 철 병거가 있고 강력하다 하더라도, 너희는 정녕 그들을 몰아낼 수 있을 것이다"(17,18).

이스라엘 백성이 가나안을 어떻게 차지하였을까?

① 정복설: 이스라엘 열두 지파가 무력으로 가나안을 정복하여 정착하였다.

② 이주설: 각 지파가 다른 시기에 이주해 들어왔다가 사울과 다윗 시대에 통합되었다.

③ 농민 반란설: 가나안 농민들이 이집트에서 탈출한 일부 히브리인들과 연합해 반란을 일으켰다.

2. 가나안 정복(1-12장)

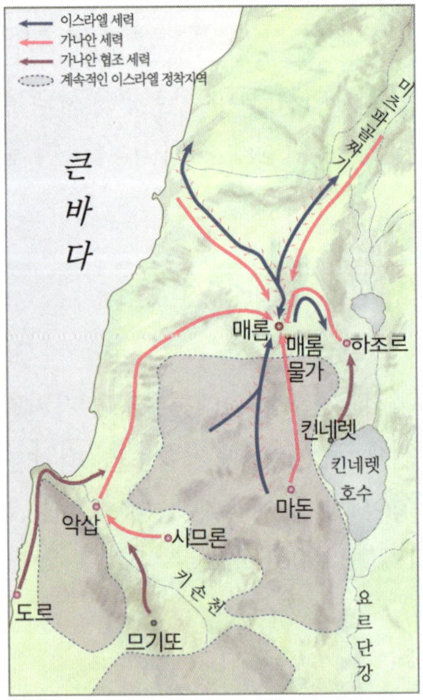

여호수아기는 모세가 죽은 다음의 이야기로 시작합니다. 모세의 죽음으로 한 시대는 마감되고 새 시대가 열립니다. 하느님께서는 당신이 주겠다고 약속하신 땅으로 가라고 이르십니다. 그 땅은 일찍이 아브라함에게 약속하셨던 땅입니다(창세 15,18 참조).

1. 시팀 - 정탐꾼 둘 파견

"가서 저 땅과 예리코를 살펴보아라"(2,1).

정탐꾼들은 창녀 라합의 도움으로 생명을 보존했습니다. 그것은 미리 모든 것을 마련해 두신 하느님의 섭리였습니다. 우리 또한 하느님의 말씀에 따라 나아갈 때, 그분께서 미리 마련하신 사람이나 사건을 통해 그분의 뜻을 깨닫게 됩니다.

2. 요르단강 - 계약 궤 앞세워

"그 궤를 … 따라가시오"(3,3).

요르단강은 광야와 약속의 땅을 가르는 벽입니다. 이곳을 통과해야 하느님 백성의 삶은 뿌리를 내릴 수 있습니다. 옛 생활을 버리고 새 생활로 넘어가는 위기의 순간에 하느님께서 함께하시며 그 길을 열어 주십니다.

3. 길갈 - 할례식 거행

"다시 두 번째로 할례를 베풀어라"(5,2).

길갈은 약속의 땅에서 처음으로 머무른 땅이므로 중요합니다. 여호 12장까지 이루어지는 땅의 정복 사업은 모두 여기서 시작합니다. 초기 이스라엘의 중심지이자 중요한 성소였다고 볼 수 있습니다.

4. 예리코 - 가나안 정복의 교두보 확보

"저 성읍 둘레를 하루에 한 번 돌아라. 그렇게 엿새 동안 하는데…"(6,3).

뿔 나팔을 불며 주님의 궤를 모시고 행렬하는 것은 전투 대형이라기보다 종교적·전례적 행렬에 가깝습니다. 말씀대로 행하였을 때 성벽은 무너지고 이스라엘은 성을 점령합니다.

5. 아이 - 탐욕 징계

"너희 가운데에 완전 봉헌물이 있다"(7,13).

장차 그들이 다시 약속의 땅을 차지하고 살려면, 주님이 허락하신 것 이외는 취하지 말라는 충고입니다. 다만 주님의 말씀에만 충실하라는 가르침입니다.

6. 기브온 - 우호 관계 맺음

"그들을 살려 준다는 계약을 맺었다"(9,15).

2장에 나오는 라합이 개인으로서 이스라엘 공동체에 참여했다면, 기브온은 한 이민족 집단으로서 이 공동체에 참여합니다. 신명기계 역사서는 약자들에게 깊은 관심을 보입니다.

7. 가나안 - 남부와 북부 점령

"모조리 쳤다"(10,41).

이스라엘 백성이 하느님 말씀에 온전히 순종하였을 때, 하느님께서는 그들의 역사에 개입하여 놀라운 일을 행하셨습니다.

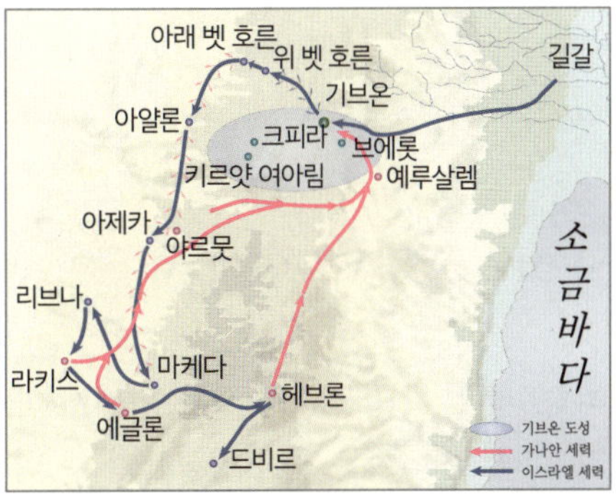

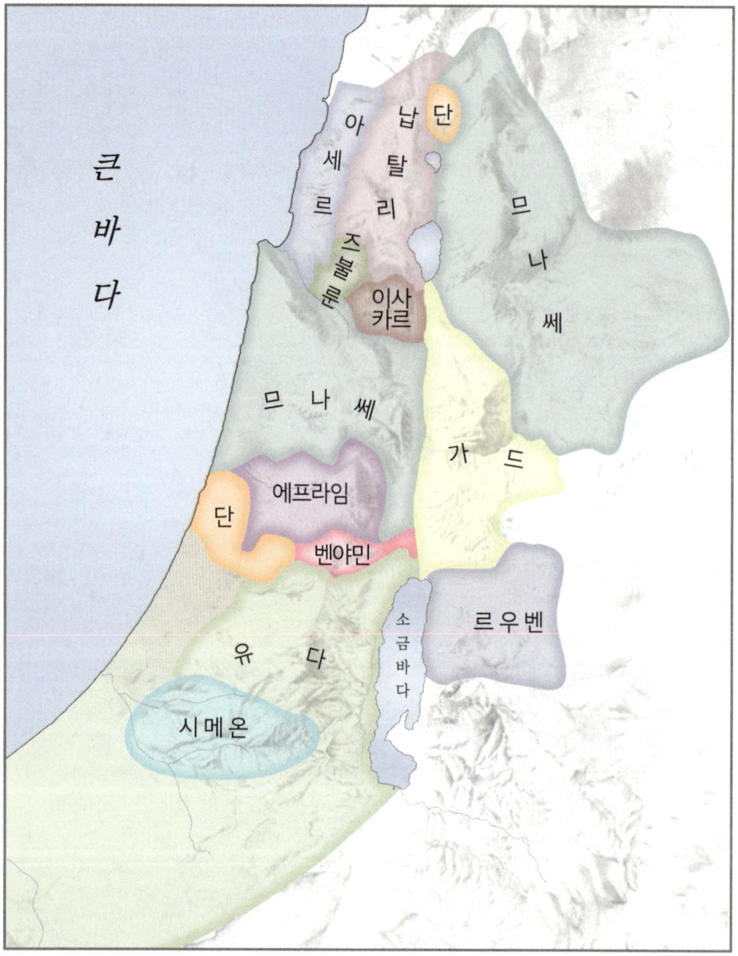

3. 지파별로 땅 분배 (13-22장)

시간이 많이 흘렀는데도 아직 정복하지 못한 땅이 남았습니다. 필리스티아족이 차지하고 있는 남부 해안 평야와 갈릴래아 호수 동편의 길앗과 바산, 북부의 레바논 땅 등이죠.

그 땅은 장차 차지하기로 하고, 먼저 정복한 땅부터 나누어 줍니다. 르우벤, 가드, 므나쎄 지파의 절반은 요르단강 동편을, 비교적 강력한 유다와 에프라임 지파도 서편에서 한몫씩 차지하지만, 나머지 일곱 지파는 실제로 땅을 받지 못하고 추첨으로 배당만 받습니다.

4. 덧붙이는 글(23-24장)

1) 여호수아의 유언(23장)

여호수아는, 가나안 땅은 하느님께서 마련해 주신 선물이니 감사드리며 잘 지키라고 당부합니다. 그리고 그 땅을 지키는 길로 "너희는 깊이 명심하여 주 너희 하느님을 사랑해야 한다"(23,11)는 가르침을 남깁니다. 하느님을 사랑하는 것은 오경에 기록되어 있는 모든 법을 성심껏 지키는 것, 구체적으로는 야훼 하느님만을 섬기며 이웃을 사랑하고 평등하게 함께 살아가는 삶입니다.

2) 스켐 집회(24,1-28)

여호수아는 창세기부터 지금까지 흘러온 역사를 되돌아보며, 이 땅을 주신 분이 주님이심을 분명히 밝힙니다. 그리고는 어느 신을 섬길 것인지 근본적으로 선택하라고 요구합니다. 여호수아가 야훼를 섬기겠다고 밝히자, 백성들도 모두 그분만이 우리의 하느님이라고 고백합니다. "우리는 주(야훼) 우리 하느님을 섬기고 그분의 말씀을 듣겠습니다"(24,24).

3) 여호수아의 죽음(24,29-33)

여호수아는 모세처럼 '주님의 종'이라는 칭호를 받습니다. 이 칭호는 모세나 다윗처럼 끝까지 하느님의 길을 걸으며 그분께 충성한 극소수의 사람에게 주어지는 귀한 이름입니다. 여호수아가 죽음으로써 이집트를 탈출한 세대는 모두 사라집니다. 약속의 땅에서 새 세대가 자라납니다. 그들은 과연 어떤 길을 걸을까요?

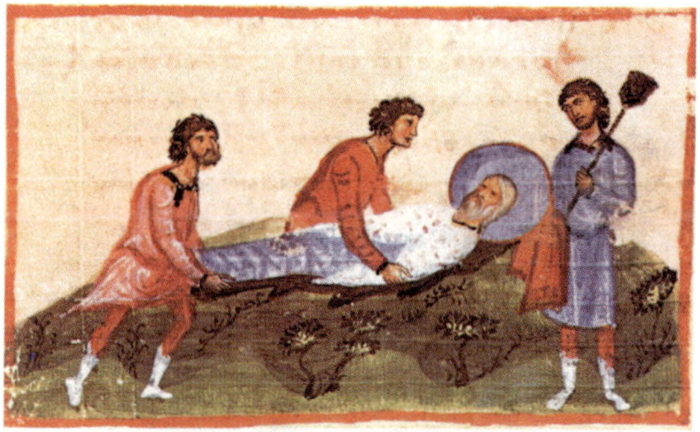

여호수아의 매장, 《팔경》 삽화, 바티칸 도서관.

판관기

8주간

제4일: 판관 1,1-6,40
(시편 145,17-21)

제5일: 판관 7,1-16,31
(시편 6,2-10)

제6일: 판관 17,1-21,25
(시편 85,1-14)

1. 입문

1) 책의 이름과 형성 과정

판관기는 구약성경의 일곱 번째 책입니다. 역사서의 두 번째 책이고요. 이 책을 판관기라고 부르는 까닭은 가나안에 정착해 살던 이스라엘이 곤경에 처했을 때, 하느님께서 세우신 '판관들'(쇼프팀)이 나타나 이스라엘을 구원하는 내용이 담겨 있기 때문입니다.

판관기 본문에는 '판관'이라는 명사가 나오지 않습니다. 그 대신 판단한다, 다스린다, 정의를 회복한다는 뜻을 가진 동사 '샤파트'(שפט)가 쓰이는데, 성경에서는 주로 "판관으로 일하다", "구원자를 세우셨다"는 표현으로 나타납니다(3,15; 10,2.3; 12,7.8.11.13; 16,31). 히브리어로 판관기 제목은 '쇼프팀'(שפטים)이고, 그리스어로는 '크리타이'(Κριται)입니다.

(1) 판관이란

판관은 국가가 형성되기 이전에 이스라엘 백성을 다스렸던 지도자들을 가리키는 용어입니다. 판관이라는 히브리어의 어원에는, 판단을 잘 하는 것이 다스림의 핵심이요, 그가 곧 백성의 구원자라는 뜻이 담겨 있습니다. 그러나 자신에게 지혜와 능력이 있다고 하여 그 일을 하는 게 아니라 주님께서 세워 주시는 사람이라야 그 역할을 수행할 수 있습니다.

(2) 판관기의 형성 과정

판관기는 신명기계 역사가들이 바빌론 유배 시절 혹은 유배 이후에 편집한 것으로 봅니다. 이스라엘에 전해 내려오던 영웅 설화가 기록된 '구원자들의 책'을 바탕으로 편찬되었습니다.

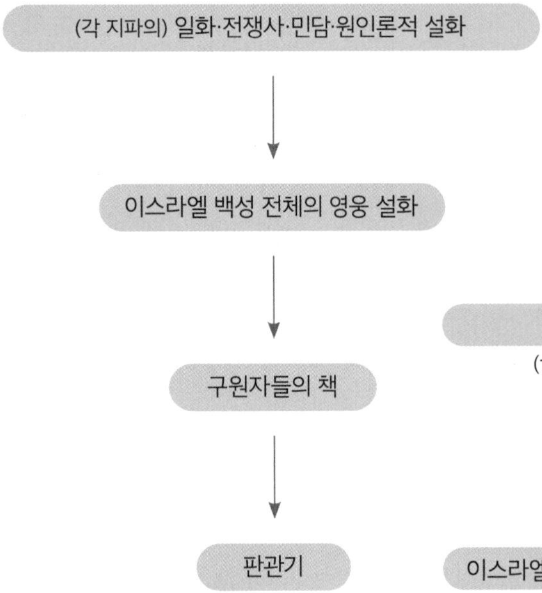

판관기는 이스라엘 역사의
연대기적 기록이 아니라,
하느님의 백성이 지닌 신앙의 산물입니다.

판관기의 구조

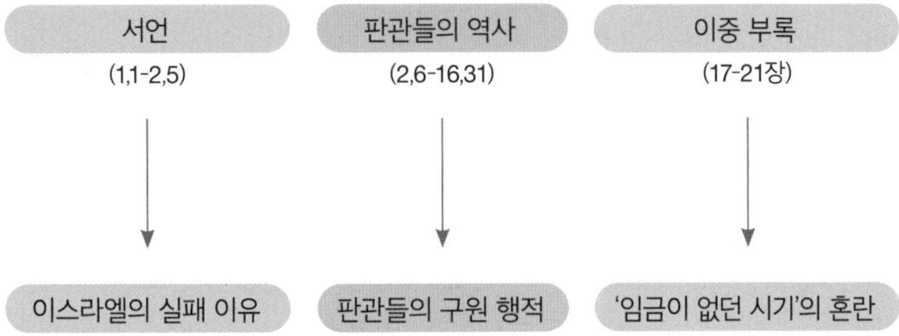

2) 판관기의 시대 배경

판관기는 이집트를 탈출한 이스라엘 백성이 가나안 땅에 정착하기 시작한 기원전 1200년경부터 왕조가 세워진 기원전 1020년경까지 약 180년간의 정치, 종교, 시대 상황을 알려 주는 유일한 사료입니다.

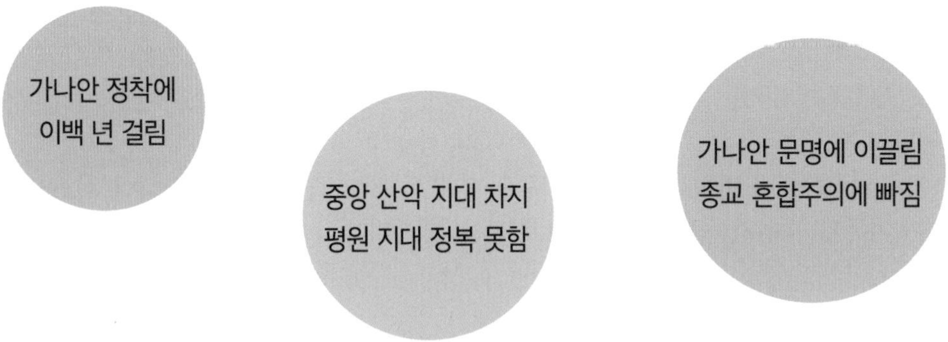

판관 시대는 중심을 잃은 시대

이 시대에 이스라엘에는 모세나 여호수아 같은 지도자도 없었고, 거칠고 험한 광야 생활 중에 얻은 민족의 단합도 무너진 상태였습니다. 각 지파는 요르단강 양편으로 흩어져 겨우 차지한 땅을 방어하기에 급급했고, 지파들을 한데 모을 만한 영도자도 없었기에 비상시에는 판관의 지휘 아래 공동작전을 폈습니다.

하지만 위급한 시기가 지나면 지파간 협력 관계는 쉽게 허물어졌습니다. 지파들은 시나이 계약을 상징하는 계약의 궤를 모신 '실로' 성소를 구심점으로 삼곤 했지만, 통합은 이루어지지 않았습니다.

그와 같은 상황에서 이스라엘은 주변 여러 민족과 끊임없이 충돌을 겪으면서 한 민족으로 존속하려면 하나의 중앙집권적 통치기관이 필요하다는 것을 절감하기에 이릅니다.

3) 12판관은?

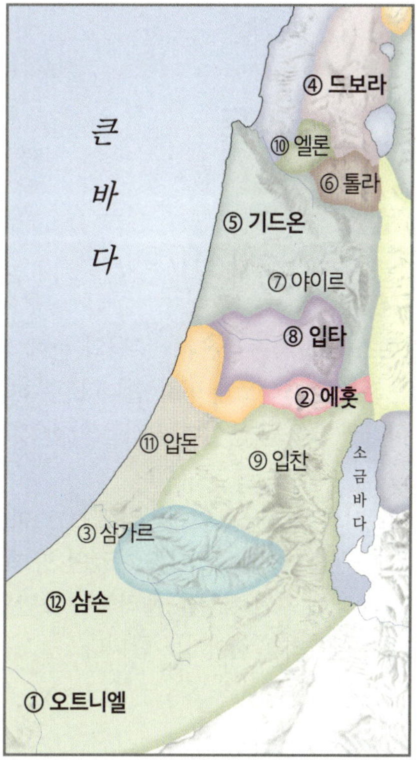

이스라엘 판관 12명은 대판관과 소판관으로 구분됩니다.

대판관: 주님께 신탁을 받아 백성을 외적의 침략과 억압에서 구출하고 보호한 구원자로, 활동 상황이 비교적 상세히 기술됨

소판관: 전쟁을 하지 않았으나 당시 이스라엘을 다스린 통치자로 짧게 기술됨

① 오트니엘(3,7-11) - 칼렙의 조카로, 8년 동안 억압하던 아람 나하라임 임금 쿠산 리스아타임을 꺾어 이스라엘은 40년간 평화 누림(유다 지파 출신)

② 에훗(3,12-30) - 18년 동안 억압하던 모압 임금 에글론을 암살하여 이스라엘은 80년 동안 평화 누림(벤야민 지파 출신)

③ 삼가르(3,31) - 소몰이 막대로 필리스티아인을 쳐부수어 이스라엘 구원

④ 드보라(4,1-5,31) - 유일한 여성 판관으로, 20년 동안 억압하던 가나안 임금 야빈을 꺾고 이스라엘은 40년 동안 평화 누림(납탈리-즈불룬 지파와 연관)

⑤ 기드온(6,1-8,35) - 하느님께 표징을 요구한 판관으로, 7년 동안 억압하던 미디안을 쳐부수고 40년 동안 평화 누림(므나쎄 지파 서부 출신)

⑥ 톨라(10,1-2) - 23년 동안 다스림(이사카르 출신)

⑦ 야이르(10,3-5) - 22년 동안 다스림(길앗 출신)

⑧ 입타(10,6-12,7) - 성급한 서원으로 딸을 희생시킨 판관으로, 18년 동안 억압하던 암몬을 쳐부수고 6년 동안 다스림(길앗 출신)

⑨ 입찬(12,8-10) - 7년 동안 다스림(베들레헴 출신)

⑩ 엘론(12,11-12) - 10년 동안 다스림(즈불룬 출신)

⑪ 압돈(12,13-15) - 8년 동안 다스림(피르아톤 출신)

⑫ 삼손(13,1-16,31) - 나지르인으로 태어나, 40년 동안 억압하던 필리스티아를 쳐부수고 20년 동안 다스림(단 씨족)

판관기는 그 시대의 판관을 연대순으로 소개하면서도 구체적 연대를 밝히지 않은 채 판관의 통치 기간만 밝힙니다.

2. 대판관들

1) 오트니엘(3,7-11)

"이스라엘 자손들은 … 주님의 눈에 거슬리는 악한 짓을 저질렀다"(3,7): '주님의 눈'이 잘못이나 죄를 판가름하는 근본 기준이라고 분명히 합니다. 주 하느님께서 보시기에 좋은 상태가 창세 1장의 창조 세계, 창세 2장의 에덴 동산이라면, 하느님 눈에 거슬리는 악한 짓을 하는 것이 바로 죄라는 뜻입니다.

"주 저희 하느님을 잊어버리고"(3,7): 이스라엘이 이집트의 강제 노동에서 해방된 현재 상태를 하느님과 상관없이 바로 자신들의 힘으로 이룩한 것인 양 착각하는, '뿌리가 없는 현재'를 뜻하는 표현입니다. 현재를 있게 해 주신 하느님 자리에 자기 자신을 올려놓는 오만입니다. 이는 야훼 하느님과 함께하지 않는 것이 곧 역사의 단절이라는 신명기계 역사가의 관점이기도 합니다.

2) 에훗(3,12-30)

"주님께서는 모압 임금 에글론을 이스라엘보다 우세하게 하셨다"(3,12): 야훼 하느님의 위대하심을 드러낼 뿐 아니라, 하느님께서 이끄시지 않는 싸움, 무기, 힘을 통한 타민족의 도전은 부질없는 것이라는 메시지입니다. 그러기에 오늘날에는 판관 시대의 이스라엘이 전쟁을 통해서 다른 종족을 모두 무찌르고 가나안을 차지하였다기보다, 오랜 시간을 거쳐서 다른 종족과 공존하면서 평화롭게 자리를 잡았다고 보는 학자가 많습니다.

청동 단검, 기원전 2천 년대 후반, 성서와함께 소장.

"이스라엘 자손들이 주님께 부르짖자, 주님께서는 그들을 위하여 구원자를 세우셨다"(3,15): 이스라엘이 얼마나 크게 억압을 당하고 있는지를 스스로 의식할 때 야훼께 부르짖기 시작합니다. 이집트에서 종살이할 때 이스라엘이 하느님을 향해 부르짖어 해방되었듯이, 판관기에서 '구원'은 사회의 변화, 새로운 세계를 뜻합니다.

3) 드보라(4,1-5,31)

"주님께서 시스라를 한 여자의 손에 팔아넘기실 것이오"(4,9): 여판관 드보라의 예언이 성취되었음과 동시에, '철 병거 구백 대'를 가진 가나안 임금의 막강한 무력과 대조적으로 약한 여인을 도구로 쓰시어 이스라엘을 구원하신 분이 야훼라는 점을 드러냅니다. 도무지 전쟁을 치러 낼 능력이 없던 이스라엘이 주님께 부르짖었더니 그분께서 승리를 주셨습니다.

"깨어나라, 깨어나라, 드보라야"(5,12): 판관 5장의 찬미가는 구약성경에서 가장 오래된 시가詩歌 중 하나로 주님께서 이루신 과거의 놀라운 업적에 대한 기억이 담겨 있습니다. 하느님께서 단 한 번 역사에 이루셨던 일이 나의 기억을 통해서 내 안에 재현되는 것이 찬미요, 우리의 기억을 통해서 공동체에 재현되는 것이 공동체의 찬미인 전례라 할 수 있습니다.

4) 기드온(6,1-8,35)

"네 아버지의 바알 제단을 허물고, 그 곁에 있는 아세라 목상을 잘라 버려라"(6,25): 기드온은 우상 숭배에 빠진 그 성읍의 주민들뿐 아니라, 자기 집안까지 쇄신합니다. 자기 집안을 하느님께 인도하는 것이 많은 군중을 인도하는 것보다 더 어려울 때가 많습니다. 기드온의 아버지 요아스 역시 바알 제단을 쌓고 그 옆에 아세라 목상까지 세웠던 사람입니다. 이 사실을 통해 가나안의 우상 숭배가 이스라엘에 깊이 스며들어 있었고, 이스라엘이 위기에 처했을 때 야훼 신앙이 새로이 되살아났음을 동시에 알 수 있습니다.

5) 입타(10,6-12,7)

입타의 무모하고 성급한 서원으로 그의 승전을 기뻐하여 춤추며 마중 나온 외동딸이 희생되었습니다. 이 이야기는 원래 매년 시집가기 직전의 처녀들을 위해 지내던 처녀 축제와 연관된 독립 설화였다고 봅니다. 율법 규정상 금지된 인신 제사를(레위 18,21; 20,2-5; 신명 12,31; 18,10) 입타가 성급한 서원으로 실행한 일에 대해, 판관기는 어떤 평가도 없이 단순하게 보도하며 서원의 엄격함을 드러냅니다.

6) 삼손(13,1-16,31)

"그 여자를 제 아내로 맞아들여 주십시오. 그 여자가 마음에 듭니다"(14,3): 삼손은 판관들 중에서도 특이하게 출생부터 죽음에 이르기까지 가장 자세하게 기술됩니다. 그는 하느님께 봉헌된 나지르인의 신분을 망각한 애정 행각으로 필리스티아인들에게 체포되어, 두 눈을 잃고 적의 연자매를 돌려야 했습니다. 이 설화는 야훼의 특별한 은사를 받은 자가 개인의 욕망에 사로잡히면 어떤 결과를 초래하는지 보여 줍니다. 아울러 하느님 구원의 도구로 쓰이는 지도자라 해도 그의 품성이 완전하지 않다는 것을 알려 주는 듯합니다.

판관기가 말하는 주제는 '신앙의 견고함'입니다.

판관 중에는 속임수와 계략을 쓰고, 잔인하며, 입타나 삼손처럼 무모하게 행동하는, 우리가 이해하기 어려운 성품을 지닌 인물들도 있습니다. 그러나 하느님께서는 인간적으로 나약하고 부족하나 당신의 영을 받은 지도자들을 보내시어 당신 백성을 인도하십니다.

3. 판관기의 순환 도식

판관기의 저술가들은 예언자처럼 지나간 역사를 반성하여, 죄를 지으면 벌을 받고 회개하면 구원된다는 것을 일깨워 주려는 의도로 판관기를 편집하였습니다.

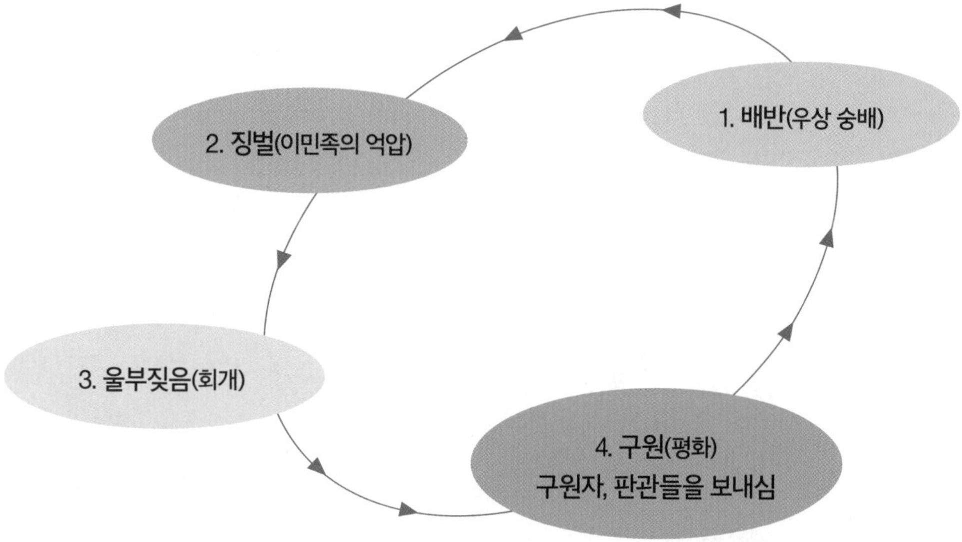

판관기는 '하느님께 죄짓고/ 하느님께 부르짖고/ 다시 시작하는' 길을 보여 줍니다. 새로이 시작할 수 있다는 것은 야훼에 대한 신앙을 지니고 있는 것, 이스라엘의 고유한 주체성을 지킨다는 뜻이기도 합니다.

룻기

9주간

제1일: 룻 1,1-4,22
(시편 91,1-16)

1. 입문

1) 책의 이름

룻기는 구약성경의 여덟 번째 책으로 역사서에 속합니다. 이 책을 '룻기'라고 부르는 까닭은 모압 여인 룻이 주인공으로 등장하기 때문입니다.

룻기는 4장밖에 안 되지만, 전체가 잘 짜인 단편소설과 같아 매우 흥미로운 성경입니다.

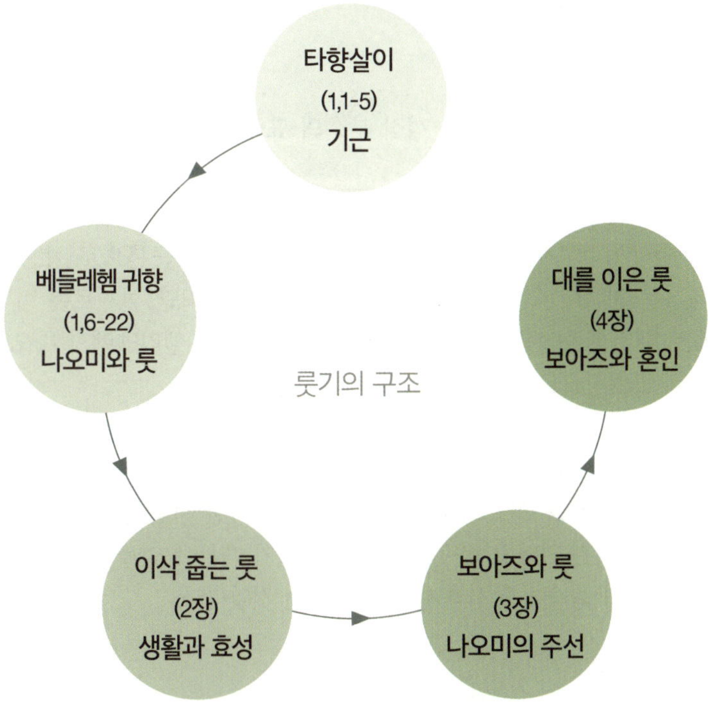

2) 저술 시기

이 책이 쓰인 시기에 대한 의견은 아주 다양합니다. 룻기의 첫 구절(1,1)이 판관 시대를 배경으로 언급하지만, 이 책이 그 시대에 쓰이지 않았다는 것은 확실합니다. 일반적으로 룻기가 기원전 550-350년에 쓰였으리라고 봅니다. 룻기는 어느 한 사람의 작품이 아니라, 이스라엘 민중 가운데 오랫동안 전승되어 오던 이야기를 후대 편집자들이 정리한 것입니다.

룻기의 주요 무대는 베들레헴(빵의 집)입니다. '빵의 땅'에 기근이 들어서 그 땅을 떠나야 했던 상황은 믿음의 조상 아브라함이 하느님께서 '보여 줄 땅'(창세 12,1)을 향하여 고향과 친족과 아버지의 집을 떠났던 것과 대비됩니다. 땅과 후손의 복을 잃어버린 당시 이스라엘 백성의 절망적인 상황을 표상한 것이라고도 할 수 있습니다.

3) 시대 배경

룻기는 당대에 관해서 자세하게 언급하지 않지만, 성경 본문의 표현에서 그 시대 상황을 조금이나마 엿볼 수 있습니다.

"나라에 기근이 든 일이 있었다"(1,1): '기근이 들었다'는 말은 땅을 경제의 근본으로 삼는 농경 사회를 전제로 합니다. 곤경에 처한 가족을 가까운 친족이 속량해야 하는 율법 규정이 있었지만, 실제로는 빈부 격차가 심한 씨족 단위의 가족 사회였습니다. 이는 유다 베들레헴의 '에프랏 가문'(1,2)에 속했던 엘리멜렉과 나오미의 가족이 가문의 도움을 받지 못해 기근을 피해서 모압 땅으로 이주한 것을 보면 알 수 있습니다.

"수확꾼들 뒤를 따르며 이삭을 줍는데"(2,3): 율법은 가난한 사람들과 외국인을 위해 수확하는 이삭의 일부를 남겨 두라 명했습니다(레위 19,9; 23,22; 신명 24,19). 그런데 룻기를 보면, 가난한 사람들의 호구지책은 땅 주인과 그 주인의 종들이 베푸는 호의와 동정심에 달려 있었고, 가난하고 무력하였기 때문에 억울하게 종들에게 욕을 당하기도 했음을 알 수 있습니다. 그 땅에 나눔과 형제애가 사라져 가고 있었던 것입니다.

4) 축제 오경의 하나

룻기를 봉독하는 오순절(맥추절)은 파스카(과월절), 초막절과 더불어 이스라엘 성인 남자가 예루살렘을 순례해야 하는 3대 의무 축제입니다.

그 외에 성전 파괴일과 푸림절을 포함한 다섯 축제 때에 히브리 성경 성문서의 다섯 두루마리 중 한 개씩 읽었는데, 이를 '축제 오경'이라고 부릅니다.

그리스도교 축일 비교

구분 \ 축제 오경	룻기	아가	애가	코헬렛	에스테르기
해당 축제	◎ 오순절 (맥추절)	◎ 파스카 (과월절)	성전 파괴일	◎ 초막절	푸림절
그리스도교	성령강림 대축일	부활 대축일	성주간 금요일		
관련 성경	민수 28,26	탈출기	애가	레위기	
의미(양력)	보리·밀 첫 수확과 율법 전수 감사 (5-6월, 초여름)	죽음을 통한 새 생명 경축 (3-4월, 봄)	나라와 성전 잃은 설움 상기 (7-8월, 여름)	광야 40년의 초막 생활 상기 (9-10월, 가을)	낯선 곳에서도 함께 계시는 분 (2-3월, 겨울)

◎ 표시는 3대 축제

룻기를 읽는 맥추절(오순절)은

보리의 첫 수확부터 시작하여 밀 수확을 마칠 때까지 7주간 가량의 곡물 수확 기간과 연관된 축제입니다. 이스라엘은 풍작을 주시는 하느님께 감사하며 이 기간을 축제로 거룩하게 보냈습니다. 그러나 성전이 파괴되고 경작할 땅을 잃은 다음에는 하느님께서 시나이산에서 주신 율법의 선물에 감사드리는 축제(오순절)로 변했습니다.

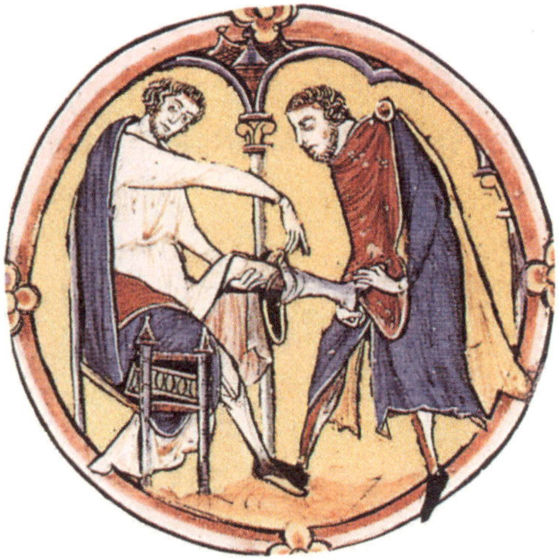

엘리멜렉의 구원자가 보아즈에게 자기 신을 벗어 주어
구원(속량) 의무를 포기하다, 13세기, 모랄리세 성경 삽화.

2. 룻기에 나오는 풍습

1) 속량의 율법(고엘)

속량의 율법은 사회조직의 기본인 가정을 보호하고 지켜 주기 위한 법입니다. 고엘(구원자, 속량자)은 한 가정의 가장 가까운 친족으로, 그 가정의 가족과 재산을 지켜 주고, 복수를 하거나 잃은 재산을 되찾아 주며, 친족이 종이 되었다면 대신 돈을 치르고 자유롭게 해 주어야 할 권리와 의무를 갖습니다. 이는 서로가 책임져야 하는 존재이며 한 분이신 하느님을 믿는 한 겨레임을 일깨워서 가난한 사람의 문제를 해결하려는 법입니다.

나오미와 룻은 당시 부자와 권력자의 탐욕 앞에서 힘없이 고통받고 있던 백성을 표상합니다. 보아즈가 무의무탁한 두 과부의 고엘이 되어 그들의 처지를 완전히 바꾸어 준 것은, 모든 것을 잃고 무력해진 이스라엘 백성이 '고엘'이신 야훼 하느님께 속량되어 구원되리라는 희망의 표현이기도 합니다. 룻에게 쏟는 보아즈의 인간적 사랑은 바로 당신 백성을 구원하시는 하느님의 사랑을 표상합니다.

2) 수혼법

자식 없이 죽은 형제의 대를 이어 주기 위한 법입니다. 형이 후손 없이 죽을 경우 동생이 형수와 결혼해서 자식을 낳아 형의 가문이 끊어지지 않도록 하라는 것이죠. 이 수혼법이 적용된 대표적 예는 타마르(창세 38장)입니다. 신약 시대에 사두가이들이 예수님께 수혼제 풍습을 예로 들어, 일곱 형제와 차례로 결혼한 여인이 다시 살아나는 부활 때에 누구의 아내가 되느냐고 억지스런 물음을 제기하기도 합니다(마르 12,18-27).

보아즈는 자기보다도 죽은 엘리멜렉에 더 가까운 친척에게 '고엘법'만이 아니라 '수혼법'까지 동시에 이행해야 한다고 상기시켜, 자기 재산만 축낼까 꺼리는 그 친척에게서 고엘의 권한을 넘겨 받습니다.

3. 룻기의 등장인물

룻기에 등장하는 인물들은 그 이름의 뜻만으로도 중요한 메시지를 전해 줍니다.

엘리멜렉 나의 하나님은 임금님 + **나오미** 사랑스러움, 즐거움 …… **마라**(별명) 쓰라림, 쓰라린 여자

마흘론 질병 + **룻** 여자 친구, 원기, 회복

킬욘 허약 + **오르파** 목덜미(추정)

룻 + **보아즈**(속량자) 그 안에 힘이 있다

오벳 (주님의) 종, 하인

보아즈가 룻에게 옷을 펼쳐 덮어 주다, 13세기, 모랄리세 성경 삽화.

보아즈와 룻, 14세기, 벤젤스 성경 삽화.

엘리멜렉(אֱלִימֶלֶךְ, 나의 하느님은 임금님)이 모압 땅에서 죽었다는 것은, 이스라엘 백성이 약속의 땅이 아니라 이국의 유배지에서 '하느님이 임금'이시라고 고백하는 신앙이 죽었음을 뜻한다고도 봅니다. 판관 시대처럼 하느님을 임금으로 모시는 백성은 보호를 받지만, 인간을 임금으로 세운 백성은 그렇지 못하다는 것입니다. 이처럼 룻기는 이스라엘 백성의 불행이 외적으로는 인간 임금들의 폭정에 있지만, 내적으로는 그들이 하느님만을 임금으로 고백하는 신앙을 저버린 데 있음을 보여 줍니다.

엘리멜렉의 두 아들 마흘론(מַחְלוֹן, 질병)과 킬욘(כִּלְיוֹן, 허약)은 이스라엘이 하느님과 맺은 계약을 지키는 상태를 표상합니다. 그 백성이 자기네 주님이요 임금이신 하느님을 배신하여 우상들을 주님으로, 인간을 임금으로 섬기면서부터 그들은 질병에 걸리고 허약해졌습니다. 그 결과 북왕조와 남왕조가 모두 약속의 땅을 떠나 유배살이를 해야 했고, 그러는 동안 다른 종족과 종교가 혼합되었습니다. 마침내 그들은 자신의 종족과 신앙과 하느님 백성으로서 정체성을 잃어버렸습니다. 이에 룻기는 "마흘론과 킬욘, 이 두 사람도 죽었다"(1,5)고 밝힙니다.

나오미(נָעֳמִי, 사랑스러움·즐거움)는 하느님을 임금으로 모시는 이스라엘 백성이 하느님의 사랑을 받아 즐거워한다는 것을 암시합니다. 그러나 그 백성이 하느님을 배신하여 인간을 임금으로 섬기는 순간부터 즐거운 삶은 사라지고 말았습니다. 남편이 죽어 현재 삶의 기반을 상실했고, 두 아들마저 잃어 미래마저 사라진 쓰라린 고통의 여인 '마라(מָרָא, 고통)'로 변했습니다. 하느님을 주님이요 임금으로 고백하는 신앙을 잃어버리면, 현재는 물론이고 새로운 미래를 낳을 희망도 없어짐을 시사합니다.

나오미가 과부가 된 두 며느리에게 제 고향으로 돌아가라고 권하자 오르파(עָרְפָּה, 목덜미)는 '등'을 돌려 제 고향으로 돌아갔지만, 룻(רוּת, 여자 친구)은 희망 없는 나오미 곁에 '벗'이 되어 남습니다(1,14 참조). 룻이 시집과 시어머니를 선택한 동기는 '사랑'입니다. 이 사랑을 지닌 룻은 후에 새 가정을 꾸림으로써 모든 결핍을 채우게 됩니다.

보아즈(בֹּעַז, 힘이 있는)는 자기 안에 힘을 가진 인물입니다. 그는 죽은 친척의 재산을 사서 원주인에게 돌려주고, 자식 없이 죽은 고인의 이름을 잇는 후손을 낳아 주는 고엘(גֹּאֵל, 속량하는 자)의 자격을 지닌 사람이었습니다. 룻은 공교롭게도 보아즈의 밭에서 이삭을 줍다가 그에게 고엘이 되어 달라고 청합니다. 그렇지만 보아즈는 자신보다 먼저 고엘의 권한을 행사할 가까운 친척이 있었기에, 그 친척이 거부한 뒤에야 룻을 집으로 맞아들입니다.

오벳(עוֹבֵד, 종)은 룻과 보아즈 사이에 태어났습니다. 룻은 고향도 친척도 아버지의 집도 떠나 시어머니의 시중을 들었습니다. 보아즈 역시 자기 돈으로 죽은 엘리멜렉의 땅을 사고 그 집안을 잇도록 아들을 낳아서 나오미의 품에 안겨 주었습니다. 그 두 사람의 섬김에서 섬김의 아기, 오벳(종)이 태어났습니다.

섬기는 종들의 사랑으로 태어난 종, 오벳은 새로운 다윗, 메시아의 조상입니다. 이제 새로 오시는 메시아는 군마를 타고 지배하는 임금이 아니라 새끼 나귀를 타고 오시는 평화의 임금이며, “섬김을 받으러 온 것이 아니라 섬기러 오신”(마르 10,45) 분임을 시사하는 것입니다. 따라서 룻과 보아즈는 새로 오신 구원자 예수님의 어머니 마리아와 요셉을 예표한다고도 하겠습니다.

룻기는 등장인물 모두가 자기 자리에서 충실히 살아감으로써 교훈을 줍니다. 아무리 암담하고 어려운 시련이 닥칠지라도 하느님과 율법, 사회와 가정, 특별히 자기에게 성실하면 복된 삶을 일구어 낼 수 있음을 가르칩니다. 아울러 세상 한구석에서 묵묵히 사랑하고 최선을 다하는 개인의 노력이 하느님께서 섭리하시는 신앙 공동체를 이루는 초석이 된다고 시사합니다.

사무엘기 상권

9주간

제1일: 1사무 1,1-8,22
(시편 91,1-16)

제2일: 1사무 9,1-17,58
(시편 89,22-23)

제3일: 1사무 18,1-27,12
(시편 94,18-19)

제4일: 1사무 28,1-2사무 8,18
(시편 89,1-3)

1. 입문

1) 책의 이름

사무엘기 상·하권은 구약성경의 아홉 번째, 열 번째 책입니다. 사무엘기는 열왕기, 역대기와 더불어 이스라엘의 왕정 시대를 담은 책으로, 이스라엘 왕국의 기초를 놓은 사무엘부터 사울, 다윗 임금에 이르는 역사를 담고 있습니다. 그래서 그리스어로는 'Ⅰ'(바실레이온 알파)이라고 부릅니다. 사무엘기라는 명칭은 이 책에서 큰 비중을 차지하는 사무엘(야훼께 빌어서 얻은 아기)이라는 인물에서 비롯되었다고 하겠습니다.

2) 상권의 구조

여호수아기에서는 가나안 정복을, 판관기에서는 이스라엘이 가나안 문화에 적응해 가는 모습을 살펴보았습니다. 이제 사무엘기는 이스라엘 역사에 개입하시어 그 역사를 이끌어 가시는 분은 인간이 세운 임금이 아니라 하느님이심을, 이스라엘의 첫 임금 사울과 다윗의 이야기를 통해 보여 줍니다.

엘리와 사무엘 (1사무 1-7장)	사무엘과 사울 (1사무 8-15장)	사울과 다윗 (1사무 16-31장)
사무엘의 소명 (1,1-4,1)	왕정 수립 (8-12장)	다윗의 등장 (16-18장)
계약 궤 이야기 (4,2-7,17)	영이 떠난 사울 (13-15장)	망명 생활 (19-31장)

3) 시대 배경

당시의 가나안 정세	
필리스티아의 가나안 석권	**청동기 시대에서 철기 시대로**
지중해를 통해 가나안 남부 해안으로 이동한 필리스티아인들이 차츰 내륙 지방으로 정복해 들어와 이스라엘인들과 충돌하며 가나안의 패권을 다툼	문화적으로 필리스티아인들이 새로운 철 제련 기술을 가져와 철기 시대가 무르익음

사무엘기는 이스라엘 왕정 역사의 초창기를 다루고 있는데, 초기 이야기들은 판관기의 역사와 흐름이 같지만, 정확한 연대를 규정하기는 그리 쉽지 않습니다.

이스라엘이 필리스티아의 압력에서 살아남기 위해서는 한 사람의 강력한 영도자 아래 통일 국가를 이루어야만 했습니다. 이런 시대적 여건과 백성의 요청에 따라, 이스라엘은 임금이라는 한 지도자 밑에서 국가 형태를 갖추고 발전해 갑니다.

4) 형성 과정 및 저자

사무엘기의 첫 부분은 판관기와 비슷하게 이스라엘 백성이 필리스티아인들의 침략 위기에 처해 있는 상황을 말해 줍니다. 또 엘리나 사무엘을 마지막 판관의 모습으로 부각시켜 자연스럽게 판관기와 연결시키고 있습니다.

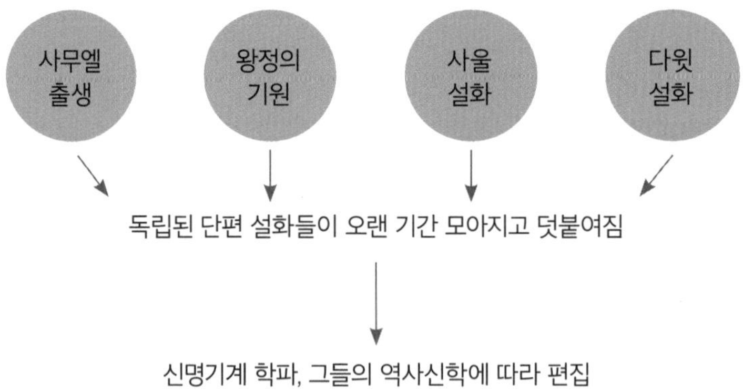

탈무드 전승은 사무엘을 저자로 봅니다. 그렇지만 반복, 단절, 모순되는 내용이 많은 점에서, 사무엘기는 어느 한 사람의 작품이라기보다 신명기계 사가들이 전승 자료들을 편집한 작품임을 알 수 있습니다.

2. 엘리와 사무엘(1-7장)

1) 사무엘의 출생과 소명(1,1-4,1)

한나의 기도로 낳은 사무엘은 그 출생부터 하느님의 섭리이며, 그의 일생은 야훼께 맡겨진 나지르인의 삶입니다. “제가 기도한 것은 이 아이 때문입니다. 이 아이는 평생을 주님께 바친 아이입니다”(1,27.28).

이 대목은 사무엘의 출생부터 그가 예언자로 불려 이스라엘의 지도자가 되기까지의 생애를 다루고 있습니다. 당시 이스라엘은 실로 성소에서 계약 궤를 모시고 있던 사제 엘리와 그 아들들을 중심으로 뭉쳐 있었습니다. 사무엘은 바로 이 실로 성소에서 하느님께 소명을 받았고, 하느님께 들은 말씀을 사람들에게 전하는 예언자로 받들어집니다.

“나는 엘리에게, 그의 죄악 때문에 그 집안을 영원히 심판하겠다고 일러 주었다. 그 죄악이란, 엘리가 자기 아들들이 하느님을 모독하는 것을 알고 있으면서도 그들을 책망하지 않은 것이다”(3,13). 사무엘에게 하신 이 말씀은 엘리의 집안을 심판하실 것이고, 새 시대를 열 인물로 사무엘이 선택되었음을 알려 줍니다.

2) 계약 궤 이야기(4,2-7,17)

계약 궤는 하느님과 체결한 계약을 기록한 판을 넣어 두는 ‘궤’인데, 백성은 이 궤를 ‘하느님께서 현존하시는 장소’의 표지로 여겼습니다. 그러므로 이스라엘 사람들은 실로에 있는 이 계약 궤를 앞세우면 백전백승하리라고 믿었습니다. 그러나 전쟁에서도 졌고, 이 계약 궤마저 필리스티아에게 빼앗기고 말았습니다.

실로 성소 파괴

계약 궤 빼앗김

필리스티아인들과의
싸움

사제 엘리의 죽음

며느리의 이카봇 출산
(이카봇은 '영광이 이스라엘을 떠났다'는 뜻)

"하느님의 궤를 빼앗겼기 때문에 영광이 이스라엘에서 떠났다"(4,22).

계약 궤를 빼앗긴 이 사건은
이스라엘인들에게 크나큰 충격과 실망을 가져다 주었습니다. 그러나 필리스티아인들이 비록 계약 궤는 빼앗아 갈 수 있었지만, 이스라엘에게서 야훼 신앙을 빼앗아 갈 수 없었음을 보여 줍니다.

"이십 년이라는 긴 세월이 지났다. 이스라엘 온 집안은 주님을 향하여 탄식하고 있었다"(7,2).

필리스티아에게 패배한 이 사건은
이스라엘이 참회하고
계약의 하느님께 충실하게 되는
중요한 계기가 되었습니다.

역사를 지배하시는 주님께서는
이스라엘의 정치적·군사적
패배를 쇄신의 계기로 삼아
새 역사를 펼치십니다.

마지막 판관인 사무엘은
주님의 궤가 돌아오고 나서 20년이 지난 후, 이스라엘 가문을 미츠파에 불러 모아 회개하라고 외침으로써 예언 활동을 본격적으로 시작하였습니다. 사무엘은 모세 이후 이스라엘의 뛰어난 정신적 지도자이자 마지막 판관이며, 예언자 시대를 여는 인물이었습니다.

사무엘이 순회하며 다스린 지역(7,16-17)

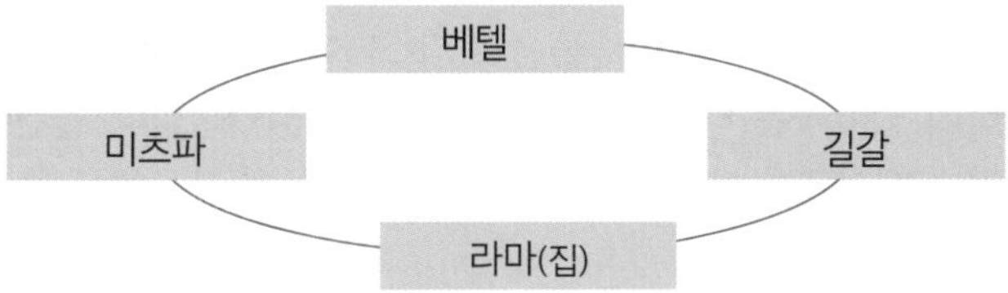

3. 사무엘과 사울(8-15장)

1) 왕정 제도의 수립(8-12장)

사무엘기는 이스라엘이 가나안에 정착하던 시절에 겪어야 했던 딜레마를 보여 줍니다. 당시 국제사회에서 멸망하지 않으려면 국가 체제가 필요하였습니다. 그러나 이러한 체제는 이스라엘 공동체의 독특한 성격을 무너뜨릴 위협이 되기도 했습니다. 이스라엘은 근본적으로 종교적 계약을 바탕으로 공동체를 결성하였는데, 계약의 당사자인 하느님을 최고 지도자로 여겼던 이스라엘이 자신들을 다스릴 임금을 요구한 것은 충격적 사건이 아닐 수 없었습니다.

왕정의 기원에 대한 두 전승

반대하는 시각	찬성하는 시각
주님을 배척하는 행위	주님의 구원 행위
다른 나라와 같아지려는 타락 행위	주님의 섭리에 의한 체제상의 발전
제비 뽑기로(마지못해)	사무엘이 사울에게 기름 붓다
이방의 임금들처럼 묘사	판관에 가까운 지도자(카리스마적)
백성을 착취하고 억압하는 자	하느님의 영을 받아 행동함

2) 사울의 승리와 주님의 영이 떠난 사울(13-15장)

서른 살에 임금이 된 사울은 필리스티아인 등 주변 원수들과 싸워 이겼습니다. 그러나 아말렉과의 전쟁에서 모두 죽여 없애라는 하느님의 말씀에 따르지 않았습니다. 물건이 아까웠고, 군인들이 무서워서 주님께 순명하기보다 물질과 백성에게 아부했던 것입니다. 이로 인해 사무엘이 사울을 떠나게 되고 사울은 주님에게서 멀어집니다.

4. 사울과 다윗(16-31장)

1) 다윗의 등장(16-20장)

다윗이 사울 왕궁에 등장하는 이야기는 세 가지로 보도됩니다. 다윗은 주님의 뜻에 따라 기름부음을 받았고, 그 후 왕궁의 악사로(16장) 그리고 골리앗을 쳐부순 전쟁 영웅으로(17장) 사울 왕궁에 등장합니다. 사울 임금이 그를 질투하여 죽이려 하지만, 주님께서 그와 항상 함께하시어 지켜 주십니다.

다윗의 도유
주님의 선택
하느님의 개입을 강조

골리앗과 싸움
주님께 대한 신앙심(응답)
다윗의 용맹

궁중 악사로 채용
주님의 영이 함께함
(돌보심)

반면에 사울은 매우 불행한 인간으로 묘사되고 있습니다.
① 임금이 된 후 하느님께 순명하지 않고,
② 훌륭한 용사를 얻었으나 질투에 사로잡힌 나머지
③ 다윗을 죽이기로 결심하고 행동에 옮깁니다.

사울은 비록 기름부음을 받았다 해도 주님을 떠난 자의 삶이 얼마나 고독하고 불행한지 뚜렷하게 보여 줍니다.

2) 다윗의 망명 생활과 사울 왕조의 말기(21-31장)

다윗은 도망다니면서도 늘 만군의 주 하느님께서 함께해 주시는 은혜를 체험합니다. 반면 다윗을 쫓는 사울은 백성들에게도, 민족의 스승인 사무엘에게도, 마침내 주님에게도 멀어집니다.

이 이야기는 필리스티아인들이 승승장구하는 동안 사울이 다윗을 추적하는 데만 시간과 정력을 낭비해 불행을 자초하고 있음을 역력히 보여 줍니다. 다윗이 자신을 죽이려고 추격해 온 사울을 오히려 두 번이나(24장; 26장) 살려 준 이야기는, 주님께 기름부음받은이를 존경하는 다윗의 마음을 보여 주는 동시에, 다윗이야말로 이스라엘의 합법적 임금이라는 것을 사울의 입을 통해 증언합니다(24,18-21).

다윗의 망명 생활
사제 아히멜렉의 도움을 받다(21,1-7)
사울이 사제들을 학살하다(22,18)
다윗이 위험에 처하다(23,19-26)
다윗이 사울을 살려 주다(24,17-18)
아비가일을 아내로 맞다(25,39-42)
다윗이 다시 사울을 살려 주다(26,12.21)
필리스티아(아키스에게)로 망명(27,6-7)

"네가 나보다 의로운 사람이다. 너야말로 반드시 임금이 될 사람이라는 것을 알게 되었다"(24,18.21).

사무엘기 하권

9주간

제4일: 1사무 28,1-2사무 8,18
(시편 89,1-3)

제5일: 2사무 9,1-17,29
(시편 3,6-7)

제6일: 2사무 18,1-24,25
(시편 32,1-2)

1. 입문

1) 하권의 줄거리

사무엘기 하권은 첫머리에서 이스라엘 임금 사울이 길보아산 전투에서 죽은 후 헤브론에서 유다 왕위에 오른 다윗이, 이스라엘의 임금 이스보셋과 싸우다가 마침내 온 이스라엘을 다스리는 통일 왕국의 임금으로 세워지는 과정을 흥미진진하게 그려 내고 있습니다.

다윗은 북쪽의 지파들과 남쪽의 유다 지파를 모두 아우르기 위해서, 두 지파의 접경지대에 있는 여부스족의 도성 예루살렘을 점령해서 통일 왕국의 수도로 삼습니다. 또 주님의 궤를 예루살렘 다윗 성에 안치시키는 등 공을 들여서 왕국의 기틀을 잡습니다. 그러나 우리야의 아내인 밧 세바와 불륜의 정을 통하는 잘못을 저지르는가 하면, 맏아들 암논을 살해하고 반란을 일으킨 아들 압살롬에게 생명의 위협을 받으며 쫓겨 다니는 불운도 겪는 등 파란만장한 일생을 보냅니다.

2) 하권의 구조

다윗 왕조 (2사무 1-10장)	다윗의 말년 (2사무 11-20장)	덧붙이는 글 (2사무 21-24장)
임금이 된 다윗 (1,1-5,5)	다윗의 범죄 (11,1-12,31)	사울 후손 처형 (21,1-14)
성도 예루살렘 (5,6-6,23)	다윗의 후계 다툼 (13,1-20,26)	다윗의 용사들 (21,15-22; 23,8-39)
왕권 확립 (7,1-10,19)		

2. 다윗 왕조(1-10장)

다윗은 왕권을 확립하기 위해서
어떠한 장애에도 굴복하지 않았던 빈틈없는 정치가였습니다.

1) 임금이 된 다윗(1,1-5,5)

① 사울이 전사할 때 필리스티아 지방에서 망명 생활 중
② 망명 시에도 유다의 지주들을 도둑들로부터 자주 보호함
③ 전리품들을 유다의 원로들에게 선물하여 신임 얻음
(1사무 30,26-31)

↓

사울이 전사한 뒤에 헤브론에서 임금으로 추대되다.

다윗이 임금으로 즉위할 당시의 상황

유다: 다윗은 사울을 피해 필리스티아에 몸 붙여 살았을 때 거주한 치클락에 기반을 잡았습니다. 그러다 헤브론으로 옮겨 유다 왕위에 올라 7년 반 동안 다스리면서 왕국의 기초를 다져 나갑니다.

이스라엘: 사울의 사령관 아브네르는 요르단강 건너편 마하나임에서 사울의 아들 이스 보셋을 왕위 계승자로 세웠습니다. 그리고 2년 동안 유다 왕국과 싸우면서 이스라엘 왕국을 이끌어 갑니다.

2) 성도 예루살렘(5,6-6,23)

다윗의 도성 예루살렘(5,6-25)	하느님의 도성 예루살렘(6,1-23)
이스라엘의 임금 이스 보셋이 암살됨으로써, 다윗은 나이 서른에 자연스럽게 온 이스라엘을 다스리게 되었습니다. 그러나 이스라엘 지파들이 완전히 통합된 것은 아니었습니다. ↓ ① 남북의 지파들은 엄연히 분리된 상태 ② 남북 지파의 일치는 다윗이라는 한 인물을 구심점으로 한 일치 ③ 위기 시에는 언제든지 붕괴될 위험 ↓ 중앙집권을 위하여 남북 지파의 경계선에 위치한 예루살렘을 수도로 정함 ↓ 이스라엘이 정치적 통일을 이룸	갓 통일된 온 이스라엘 백성을 결속시키기 위해서는 모세 이후 부족 동맹 시대의 전통을 이어받아 종교적으로 인정받아야만 했습니다. ↓ ① 지파들이 가장 중시하는 계약 궤를 예루살렘으로 모셔옴 ② 주님의 궤를 모셔옴으로써 다윗 성을 '하느님의 도성 시온'으로 탈바꿈시킴 ③ 사제 차독과 에브야타르를 예루살렘으로 데려와 왕실에 소속시킴 ↓ 계약 궤, 장막, 사제직 등 부족 동맹 시대의 전승들을 성공적으로 계승

3) 왕권 확립(7,1-10,19)

(1) 다윗 왕조의 합법화(7,1-29)

다윗이 온 이스라엘의 임금이 된 후 수도를 예루살렘으로 정하고, 그곳에 주님의 궤와 사제를 모십니다. 그는 자신의 궁에서 마음 놓고 살게 되자, 주님의 성전을 지을 계획을 나탄에게 밝힙니다. 이에 나탄은 야훼께서 다윗을 선택하셨고, 다윗의 왕조를 영원히 흔들리지 않게 하리라는 약속의 예언을 선포합니다. 이로써 다윗 왕조는 주님의 재가를 얻어 합법화되고, 그의 아들 솔로몬이 국권을 튼튼히 다졌을 뿐 아니라 성전 건축도 완성하여 왕위를 영원히 계승할 수 있게 되었습니다.

(2) 영토 팽창 정책(8,1-10,19)

다윗은 필리스티아, 모압, 암몬, 에돔, 아말렉, 아람 등과 싸워 승리를 거두었고, 또 페니키아 임금과 티로의 임금 히람과 조약을 맺습니다. 이로 말미암아 명실공히 레바논산맥에서 이집트 변방, 지중해에서 아라비아사막까지 뻗어나간 소제국의 통치자가 됩니다.

이스라엘의 임금 다윗은 이런 사람으로 묘사됩니다.

다윗의 종교적 특성	다윗의 인간적 면모
1. 주님께 선택된 자(도유) 2. 주님의 영이 함께하는 자(궁정 악사) 3. 주님을 굳게 믿는 자	1. 뛰어난 지혜와 매력을 지닌 인간 2. 앞을 내다보는 천재 정치가 3. 정열이 넘치고 능력 있는 자 4. 인간 심리를 파악하는 데 능한 자

3. 다윗의 말년(11-20장)

다윗은 인접 왕국을 속국으로 삼아 정치적 위세를 크게 떨치면서, 주님께서 모든 것을 다 알고 계신다는 사실을 소홀히 합니다. 이로 말미암아 위신이 실추되는가 하면, 잇따른 반란으로 이리저리 쫓겨 다니는 위기를 맞습니다.

1) 밧 세바를 불법으로 취함(11,1-12,31)

이스라엘이 인접 국가와 전쟁을 할 때, 다윗은 히타이트 사람 우리야의 아내와 관계를 맺고는 범죄를 은폐하려 우리야를 가장 치열한 전장에 보내 전사시키는 등 완전범죄를 시도했으나, 하느님께서는 나탄 예언자를 보내시어 죄를 묻습니다.

예언자 나탄이 다윗 앞에 나타나, 많은 양과 소를 거느린 부자가 가난한 사람이 애지중지 기르는 새끼 암양 한 마리를 빼앗아 먹었다는 비유를 들자 다윗은 격분합니다. 다윗은 비유 속에 표현된 자신의 악한 소행을 알아듣지 못했습니다. 이때 "임금님이 바로 그 사람입니다"(12,7)라는 나탄의 말 한마디가 다윗을 내리쳤습니다. 다윗은 "내가 주님께 죄를 지었소"(12,13)라고 고백하며 참회하였으나, 욕망과 살인에 대한 대가로 시련을 받습니다(12,12).

2) 압살롬의 반란과 세바의 반란(13-20장)

압살롬의 죽음, 12세기, 굼베르츠 성경 삽화.

이제 다윗은 나탄이 경고한 대로 자기가 뿌린 죄의 씨를 거두게 됩니다. 다윗 자신의 집안에서 수치와 불명예와 살인이 잇따라 일어납니다. 첫 번째는 맏아들 암논이 이복 여동생인 타마르를 범하는 사건이었습니다. 타마르의 오라버니 압살롬은 암논을 살해하여 타마르를 욕보인 행위에 대해 복수하는 동시에 왕위를 계승하는 데 방해되는 그를 일찌감치 제거합니다. 이어 벌어진 압살롬의 반란과 세바의 반란은 다윗 왕가를 뿌리째 흔드는 최대의 시련이었습니다. 압살롬 반란의 여파로 나타난 세바의 반란은 유다 지파에 대한 북쪽 지파들의 적의가 폭발한 것이라 할 수 있습니다.

"네 집안에서는 칼부림이 영원히 그치지 않을 것이다"(12,10).

다윗의 일생

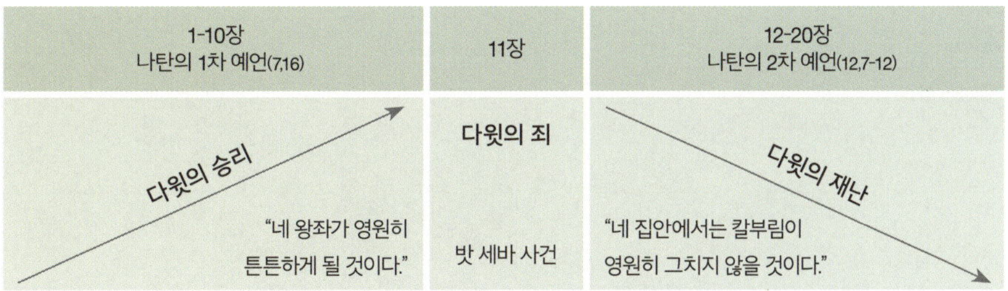

4. 덧붙이는 글(21-24장)

여기서는 서사시 두 편과 여러 인물에 관한 기록, 그리고 두 가지 재앙과 그 액땜의 관계가 다루어집니다. 사무엘기가 편집된 이후로 후대 편집자들이 서로 다른 시기에 다윗 역사에 관계되는 자료들을 덧붙여 놓은 것입니다.

① 사울의 후손 처형(21,1-14) 연이은 흉년을 사울이 기브온인들에게 지은 죄 탓으로 몰아 사울의 후손 처형	**② 전쟁 영웅 명단**(21,15-22) 다윗의 치세에 계속되었던 전쟁 중에 다윗에게 충성했던 용사들 이야기
③ 다윗의 노래(22,1-51) 과거에 겪었던 고통을 넘어서도록 하신 하느님을 찬미하는 개인의 감사 시편	**④ 다윗의 마지막 말**(23,1-7) 주님께서 영원한 계약을 맺어 주셨고 돌보아 주셨음을 고백하는 말
⑤ 다윗의 용사들 명단(23,8-39) 주님의 구원 역사에 큰 비중을 차지하는 거룩한 전쟁의 용사들 열거	**⑥ 인구 조사와 흑사병**(24장) 군사적 목적으로 인구 조사를 시행한 잘못에 대한 재앙과 그로 인해 미래의 성전 터 발견

열왕기 상권

10주간

제1일: 1열왕 1,1-8,66
(시편 84,2-11)

제2일: 1열왕 9,1-15,34
(시편 80,5-20)

제3일: 1열왕 16,1-22,54
(시편 94,1-11)

1. 입문

1) 책의 이름

열왕기 상·하권은 구약성경의 열한 번째와 열두 번째 책이고 역사서의 여섯째 권입니다. 열왕기는 사무엘기와 역대기와 더불어 이스라엘 역사에서 왕정 시대를 다룬 성경입니다. 다윗의 뒤를 이어 왕위에 오른 솔로몬부터 나라가 남북으로 분열되어서 멸망하기까지 왕국사를 기록하고 있습니다. 열왕기列王紀라는 책 이름은 '왕들'이라는 뜻을 지닌 히브리어 '멜라킴'에서 붙여졌습니다. 칠십인역 그리스어 성경에서 이 책들을 '왕국기 Ⅲ-Ⅳ'(Βασιλειων Γ′, Δ′)라 부른 것은 고대 이스라엘 왕국의 역사가 연이어 다루어졌기 때문입니다.

2) 저자 및 형성 과정

탈무드 전승에서는 이 책의 저자를 예레미야라고 밝히지만, 이것은 다만 성경 저자들을 예언자에게 돌리려 했던 후기 유다이즘에서 기인한 주장이라 할 수 있습니다. 열왕기는 어느 한 사람이 한 번에 집필한 작품이 아니라, 시대를 달리하는 각종 전승 자료를 토대로 여러 단계를 거쳐 신명기계 사가들에 의해 집성·편집된 책입니다.

3) 저술 목적

이 책이 임금들의 행적을 다루고 있으나, 결코 왕조 실록을 통해 이스라엘의 정치를 서술하려는 의도에서 쓰인 것은 아닙니다. 신명기계 사가들은 자신들의 신학 사상에 근거하여 왕정 역사를 써 내려감으로써, 지나간 역사에서 하느님의 가르침을 이끌어 내고자 했습니다.

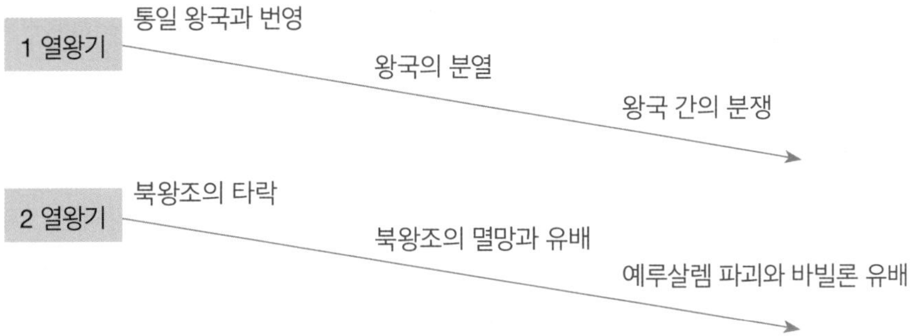

열왕기가 편집된 시기는 이스라엘에게 최악의 위기라고 할 수 있는 바빌론 유배(기원전 587) 이후입니다. 영원히 무너지지 않으리라고 생각한 예루살렘 성전이 바빌로니아에 의해 파괴되고, 임금과 백성이 바빌론에 포로로 끌려가는 참상을 겪게 되면서 실의에 빠진 유다인들과 그 후손들을 위하여 쓰였습니다.

신명기계 사가들은 이러한 멸망이 하느님께서 이스라엘을 저버리고 다윗 왕조를 영원히 세우겠다는 약속을 파기하셨거나 무능하셨기 때문이 아니라, 이스라엘이 하느님과의 계약에 불충했기 때문에 당연히 맞게 된 파국이라고 설명합니다.

4) 상권의 줄거리

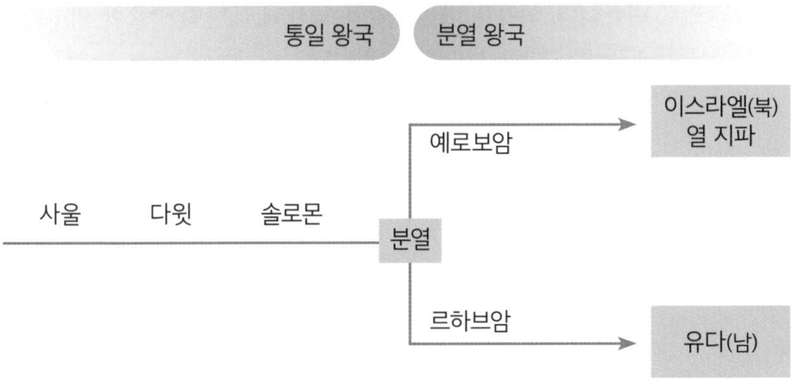

열왕기 상권은 다윗 임금의 노후에 그 뒤를 이을 후계자를 둘러싸고 벌어지는 궁중 암투로 시작됩니다. 다윗을 도와 통일 왕국을 일으켰던 개국공신들이 저마다 다른 왕자를 지원하였습니다. 그래서 솔로몬이 아도니야를 물리치고 왕위를 계승하여 왕국의 기틀을 다지는 과정에서 많은 사람이 숙청되었습니다. 그 후 솔로몬은 성전을 건축하고 대외 중계무역도 활발히 하며 문화 활동도 증진시켜서 이스라엘 왕국의 황금기를 이룹니다.

그러나 남북 간 차별 정책으로 말미암아 솔로몬이 죽은 후에, 북쪽의 열 지파는 여로보암을 임금으로 추대해 독립해 나갔고, 남쪽 왕국은 르하브암의 치세 아래 별도로 발전해 나갔습니다. 그 후 남북 왕국은 오랫동안 전쟁을 벌이기도 했지만, 북 왕국에 오므리 왕조가 시작되면서 서로 협력·공존하는 관계로 탈바꿈합니다. 열왕기 상권은 오므리의 아들 아합이 다스리던 시절까지 두 나라의 안팎에서 벌어진 사건들을 기록하고 있습니다.

2. 왕위 계승(1-2장)

1) 솔로몬의 등극(1장)

다윗이 연로해진 데다 건강까지 쇠약해지면서, 왕위 계승 문제가 이스라엘의 중요한 과제로 떠올랐습니다. 솔로몬이 다윗의 사랑을 받아 아도니야를 제치고 임금으로 선택되어 기름부음을 받음으로써 왕좌에 오릅니다.

솔로몬의 계승으로 인해서 다윗 왕좌는 세습직으로 변합니다. 이것은 이스라엘의 역사에 대단히 중요한 의미를 갖습니다. 이로써 앞으로 유다를 다스릴 임금들은 모두 다윗의 혈통에서 나오게 됩니다.

아도니야		솔로몬
장군 요압 사제 에브야타르 호위병 50명	← 암투 →	장군 브나야 사제 차독 예언자 나탄

2) 다윗 임금의 유언(2장)

동서고금을 막론하고 유언이란 사람이 삶을 마감하면서 하는 말이기에, 자신뿐 아니라 후손들도 그것을 가장 소중하게 생각합니다. 다윗의 유언은 바로 그의 삶이요 가치관이기도 합니다. 그는 무엇보다도 주님의 법을 지키라고 당부합니다. "주 네 하느님의 명령을 지켜 그분의 길을 걸으며, 또 모세 법에 기록된 대로 하느님의 규정과 계명, 법규와 증언을 지켜라"(2,3). 다윗은 앞으로 이스라엘의 흥망성쇠가 하느님의 말씀에 어떻게 응답하며 사는가와 모세의 율법을 어떻게 따르는가에 달려 있다고 하면서, 마지막 훈계이자 유언을 솔로몬에게 남깁니다.

3. 솔로몬 임금의 치세(3-10장)

1) 외교 정책

솔로몬이 이집트 공주를 아내로 맞은 것은 사랑 때문이 아니라 외교 정책의 일환이었습니다. 당시 국교는 결혼 동맹으로 체결되었습니다. 그러나 이 사건은 단순히 외교 정책으로 그치지 않고, 앞으로 솔로몬의 일생에 많은 영향을 미치게 됩니다.

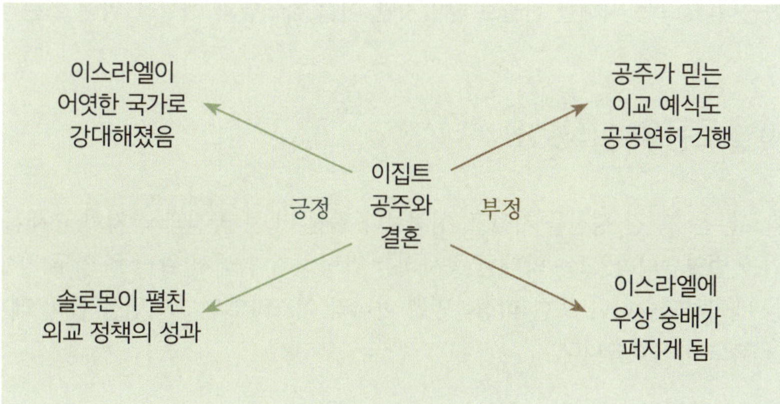

2) 문화적 번영: 솔로몬의 지혜

정치·경제적으로 안정된 솔로몬 시대에 건축, 미술, 음악이 크게 발전하였습니다. 솔로몬은 이집트 문화 등을 적극 수용하고, 제사 의식을 다채롭게 하였으며, 성전 중심의 문화 활동인 시편, 격언 등의 지혜문학과 기록 및 전례음악을 높은 수준으로 끌어올렸습니다. 솔로몬의 궁전은 지혜문학의 중심지가 되었고, 후세에도 솔로몬은 지혜로운 자의 표상이 되어 지혜에 관한 글이면 솔로몬을 저자로 보는 경향이 생겼습니다(5,9-14 참조).

3) 정치·경제적 수완

고대 페니키아 상선의 모습(부조).

성경에 고급 관리들의 명단(4장)을 상세하게 열거한 것으로 보아, 솔로몬 정부의 권력이 중앙으로 집중되고 세금이 과중했음을 알 수 있습니다. 이러한 솔로몬의 정책은 이집트를 비롯한 주변 왕국의 예처럼, 임금의 권력이 본격적으로 강화되기 시작하였음을 뜻합니다. 특히 유다 지역과 기타 지역의 조세 부담을 달리하는 차별 정책을 취함으로써, 훗날 북쪽 지파들의 반감을 더욱 증폭시키게 되었다고 볼 수 있습니다.

솔로몬은 해상무역에 관심을 보여 상선대를 창설하고, 티로 임금 히람의 도움을 받아 보석과 희귀 물건들을 날라왔습니다. 또한 병거 부대를 위한 성읍을 세워 요새화했을 뿐 아니라(9,15-19 참조) 군마를 중계무역하여 막대한 이득을 남겼습니다. 그는 지혜와 상술을 발휘하여 무역을 발전시키고, 금을 입힌 대형·소형 방패 수백 개를 왕권의 시위용으로 제작했습니다. 이렇듯 하느님의 은혜로 최상의 영화를 누리던 솔로몬은 주인이신 하느님의 은혜를 잊고 차츰 자신의 계획에 몰두하기 시작했습니다. 그는 지혜를 선물로 받았지만, 이를 하느님과 백성을 위해 쓰는 마음이 부족했습니다.

4) 솔로몬의 실정失政

솔로몬은 7년간 성전을 지었고, 성전보다 훨씬 더 큰 궁전과 각지의 요새들을 13년에 걸쳐 건설하는 대규모 건축 사업을 벌였습니다. 그는 막대한 공사비를 감당하기 위해서 왕국을 열두 징세 구역으로 나누어 각 구역마다 지방장관을 배치하였습니다. 또한 피정복민뿐 아니라 이스라엘인 3만 명을 뽑아 레바논에 보내 만 명이 한 달씩 번갈아서 일을 하도록 시켰습니다.

이와 같이 그의 건축 계획들은 재정상의 지출은 물론 또 다른 큰 희생을 요구하였습니다. 사무엘 예언자가 왕정王政을 원하는 이스라엘 백성에게 이미 경고했던 대로(1사무 8,11-18), 임금이 휘두르는 권력으로 인해 백성의 자유로운 생활은 억눌리고 힘든 부역에 시달리게 되었습니다.

4. 왕국의 분열(11-13장)

비생산적인 건축, 사치품	과중한 세금 부여
강제 노동 동원	백성의 자유로운 생활 억압
중앙집권 체제	전통적 부족 동맹의 유대 깨짐
급격한 경제 발달	빈부 격차 심화, 이농 현상

↓

"내가 솔로몬의 손에서 이 나라를 찢어 내어
너에게 열 지파를 주겠다"(11,31).

솔로몬의 치하에서 강제 노동에 시달려 왔던 이스라엘 부족은 솔로몬의 뒤를 이어 왕위에 오른 르하브암에게 무거운 멍에를 가볍게 해 달라고 요구하였는데, 르하브암은 이 요구를 묵살해 버리고 맙니다. 이로 말미암아 북쪽 지파들은 기원전 922년경에 아히야의 예언을 받은 예로보암을 임금으로 추대하기에 이르렀습니다. 이로써 북쪽의 이스라엘 왕국과 남쪽의 유다 왕국은 완전히 갈라지게 되었습니다.

예로보암은 북쪽 성조인 야곱과 인연을 맺었던 스켐을 임시 수도로 정하고, 단과 베텔에 성전을 세워서 주님의 권능을 상징하는 금송아지를 하나씩 세웁니다. 이로 말미암아 처음에 이 금송아지를 하느님의 어좌를 상징하는 것으로 보고 경배하던 백성이, 점차 풍요의 신의 표지로 보고 경배하면서 종교 혼합주의에 빠지게 되었습니다. 예로보암은 이렇게 해서 자기 백성이 예루살렘으로 순례하는 것을 막을 수는 있었지만, 이스라엘이 자기들의 참하느님 야훼를 배반하는 길을 만들었습니다.

금송아지상, 기원전 19-18세기, 비블로스 출토.

5. 남북으로 갈라진 왕국(14-22장)

남북으로 왕국이 갈린 후, 북 왕국 이스라엘에서는 암살, 자살, 음모 등으로 임금이 뒤바뀌는 불안한 정세가 계속되었습니다. 오므리 왕조 때에 전성기를 맞지만, 야훼 신앙이 흔들리면서 위기에 직면합니다.

오므리 임금은 50년간 계속된 북 왕조의 불안한 내정을 안정시키고, 남부 유다와 협력의 시대를 열었습니다. 또 시리아에 공동으로 대적해야 했던 페니키아와 우호 관계를 맺기 위해 자신의 아들 아합과 시돈인들의 임금 엣바알의 딸 이제벨을 결혼시킵니다. 이로 말미암아 이스라엘에도 페니키아처럼 바알 신당과 제단, 아세라 목상이 세워지고 이교를 숭배하는 무리가 늘어나면서 사회악이 많이 생겼습니다.

아합은 오므리가 이룩해 놓은 왕조의 유업을 계승해 나갔습니다. 그런데 신명기계 역사가는 아합의 죄목으로 네 가지를 꼽습니다. 첫째는 바알을 섬기는 이제벨과 결혼했고, 둘째는 본인 스스로 바알을 섬기고 예배했으며, 셋째는 사마리아에 바알 신전과 제단을 세웠고, 넷째는 아세라 목상을 만든 것입니다. 아합이 사마리아에 바알 신전을 세움으로써, 바알 신앙은 이스라엘의 공식 신앙이 되었습니다. 이로 말미암아 엘리야와 엘리사 같은 예언자들이 저항운동을 일으키게 되었습니다. 아합의 시대에 와서 하느님의 백성이 하느님을 믿는다는 이유로 박해를 받는 어처구니없는 일을 당하게 된 것입니다.

폭풍신 바알, 기원전 14-13세기, 우가리트 출토.

열왕기 하권

10주간

제4일: 2열왕 1,1-9,37
(시편 107,1-14)

제5일: 2열왕 10,1-17,41
(시편 77,2-13)

제6일: 2열왕 18,1-25,30
(시편 137,1-7)

1. 입문 - 책의 이름과 줄거리

열왕기 하권은 북 왕국 이스라엘에 전성기를 가져온 아합 임금이 죽은 뒤에 상황이 여러모로 바뀌었음을 보여 주는 일련의 사건으로 시작됩니다. 아합의 뒤를 이어 왕위에 오른 아하즈야와 요람이 여전히 우상 숭배를 하는 가운데, 아합 임금 치세에 바알 예언자를 처단한 엘리야의 영검을 이어받은 엘리사가 예후를 새 임금으로 기름 부어 세웁니다. 이로 말미암아 이스라엘에 우상 숭배를 확산시킨 아합 가문은 모조리 학살당하고, 이제벨 또한 창문에서 내던져져 죽게 됩니다.

이후 북 왕국 이스라엘은 예후의 증손인 예로보암 2세 때 다시 번영하나, 그 아들 대부터 쿠데타가 끊이지 않아서 국력이 쇠약해집니다. 결국 아시리아에게 멸망당하고 수도였던 사마리아 지역에는 여러 나라에서 이주되어 온 이방인들과 혼혈 현상이 일어났습니다. 이로 인해 '사마리아인'들은 점차 이방인 취급을 받게 됩니다. 남 왕국 유다는 가까스로 살아남아 히즈키야 임금과 요시야 임금 치세에 주님만을 믿고 따르겠다며 대대적인 종교 개혁을 벌입니다. 그러나 결국 아시리아 제국을 꺾고 일어선 신흥 제국 바빌로니아에게 맞서다 나라를 잃고 바빌론으로 유배를 떠나게 됩니다.

2. 엘리사의 등장(1-8장)

1) 아합의 아들들의 통치(1-3장)

아합의 아들 아하즈야와 요람은 1년 간격으로 연이어 왕위에 올라, 아합 임금의 정책을 그대로 시행합니다. 아하즈야는 에크론의 신에게 병세를 묻는 등 이방신을 따르다가 엘리야에게서 호되게 비난을 받습니다. 요람은 유다 임금 여호사팟과 연합해서 모압의 반란을 평정하는 길에 엘리사의 도움을 받아 식수를 해결합니다. 그들은 모두 이스라엘을 죄짓게 한, 느밧의 아들 예로보암의 길에서 벗어나지 못했습니다(3,3).

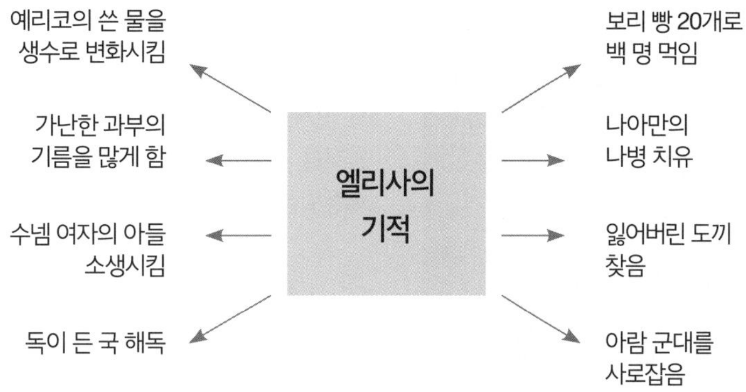

2) 엘리야의 승천과 엘리사 등장(2·4-8장)

> **"이제 저는 알았습니다. 온 세상에서 이스라엘 밖에는 하느님께서 계시지 않습니다"(5,15).**

엘리사의 뜻은 '하느님은 구원이시다'입니다. 그는 스승 엘리야가 불 마차를 타고 하늘로 올라간 다음부터 예언자로서 공식 활동을 시작합니다. 본래 엘리사는 밭을 갈다가 엘리사를 예언자로 세우라는 주님의 말씀에 따라(1열왕 19,16) 엘리야가 겉옷을 걸쳐 주자 엘리야를 따라나섰습니다(1열왕 19,19-21). 당시 겉옷을 걸쳐 주는 것은 자신의 능력과 예언자의 소명을 부여하는 행동이었습니다. 엘리사는 엘리야가 하늘로 올라가며 떨어뜨린 엘리야의 겉옷으로 요르단강을 쳐 갈라지게 함으로써, 엘리야의 영검을 이어받았음을 드러냅니다. 이후 나열되는 온갖 기적 이야기는 엘리사의 소명을 뒷받침해 주는 역할을 합니다.

3. 예후의 혁명과 이스라엘의 멸망(9-17장)

1) 예후의 혁명(9장)

엘리사는 다마스쿠스에 가서 하자엘에게 임금이 되리라고 선포하고, 제자를 보내 예후를 임금으로 세움으로써 엘

아시리아 임금 살만에세르에게 머리를 조아리는 예후, 오벨리스크(부분), 영국 박물관, 런던.

리야에게 내린 주님의 명령을 그대로 실천합니다. 그 뒤 예후는 군대의 세력을 업고 왕위를 찬탈한 뒤 무자비한 숙청을 단행합니다. 바알 숭배자들을 몰살하고, 왕후 이제벨과 아합의 아들 70명을 죽입니다. 심지어 유다의 임금 아하즈야와 그의 형제들까지 죽여, 오므리가 이룩했던 남북 간의 유대를 깨뜨림으로써 아시리아에 예속되는 결과를 초래합니다.

> **"주님께서 아합 집안을 두고 하신 말씀은**
> **한마디도 땅에 떨어지지 않으리라는 것을 알아야 합니다.**
> **주님께서는 당신의 종 엘리야를 통하여 말씀하신 것을 이루셨습니다"(10,10).**

2) 이스라엘의 멸망(10,1-17,23)

남 왕국 유다에서는 왕국이 분단된 이후에도 다윗의 단일 왕조가 계속돼 정치적으로나 경제적으로 비교적 안정되어 있었습니다. 반면에 북 왕국 이스라엘에서는 오므리 왕조가 4대까지 지속되었고, 오므리 왕조를 무너뜨린 예후 왕조도 5대로 끝나고 말았습니다. 그 후 살룸, 므나헴, 프카흐야, 페카, 호세아에 이르기까지 반란과 참살과 음모가 끊이지 않았습니다. 결국 이스라엘은 마지막 임금 호세아가 아시리아 임금에게 조공을 보내지 않고 이집트에 의지하다가, 기원전 722년에 아시리아의 침공을 받아 멸망하고 맙니다. 신명기계 역사가는 이스라엘이 멸망한 이유를 주님이신 하느님을 배반한 예로보암의 죄와 우상인 바알을 숭배한 죄 때문이라고 들려줍니다.

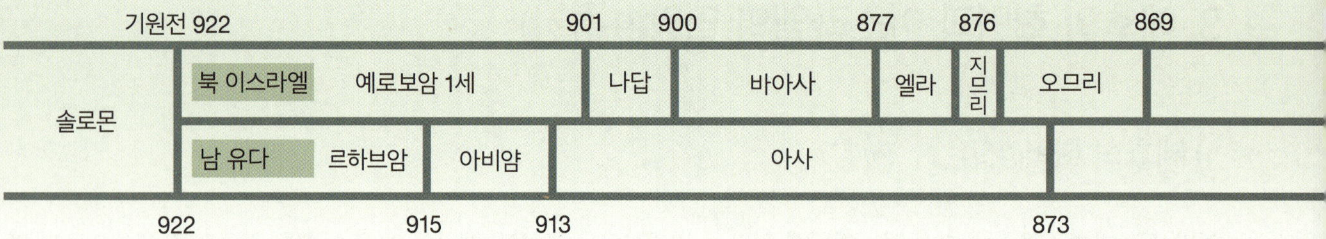

3) 사마리아인의 시조(17,24-41)

아시리아 임금은 잡아간 이스라엘 백성 대신에 아시리아 본토인들을 사마리아에 이주시켰습니다. 그들은 이방 종교와 풍습을 그대로 지켜 우상을 숭배하면서, 유배되지 않은 이스라엘 사람들을 따라 주님(야훼)도 섬겼지요. 마찬가지로 남은 이스라엘 사람들도 이주민들의 영향을 받아 우상 숭배에 젖어 들고 악습에 물들게 되었습니다. 이렇게 모든 분야에서 혼합된 사마리아인들은 후대에 가서 유다인들에게 배척당합니다.

4. 바빌론 유배까지(18-25장)

이스라엘이 망하기 전부터, 유다는 아하즈에서 요시야 임금에 이르기까지 아시리아를 섬겨야 했습니다. 아시리아가 멸망한 후에는 신바빌로니아와 이집트 틈새에서 휘둘리다가, 마침내 기원전 587/6년에 무너지고 많은 사람이 바빌론으로 유배길에 오르게 됩니다.

1) 아하즈의 정책(16장)

아하즈는 이스라엘과 시리아의 반아시리아 동맹 제안을 물리치고, 오히려 아시리아에 많은 재물을 바치고 속국이 됩니다. 그리고는 충성심을 보이기 위해 아시리아 제단을 모형대로 만들어 예배 드리기도 했습니다. 심지어 다른 민

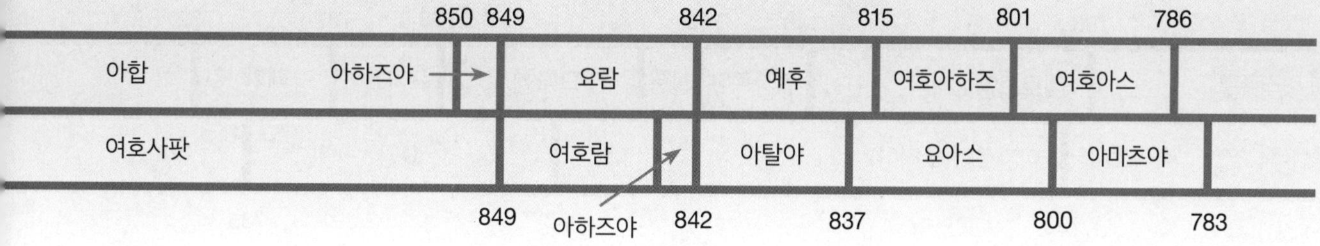

족들의 고약한 풍속을 본받아 자기 아들을 불에 살라 바치기도 했습니다.

수사 신전의 구리 뱀(히즈키야도 이런 종류의 구리 뱀을 부수었을 것이다), 기원전 8-7세기.

2) 히즈키야의 정책(18-20장)

기원전 715년 히즈키야가 즉위해서 유다에 전환점을 마련했습니다. 그는 산당들을 철거하였고, 이 산당의 성물인 제단, 석주, 아세라 목상들을 부수었을 뿐 아니라 여러 세기 동안 숭배해 왔던 예루살렘 성전의 구리 뱀도 산산조각을 냅니다. 히즈키야의 목적은 유다의 신앙을 정화시키고 예루살렘 성전을 유다 신앙의 중심지로 만들며, 아시리아의 지배에서 독립하려는 것이었습니다. 비록 그의 시도는 실패했지만, 신명기계 역사가는 "유다의 모든 임금 가운데 그만 한 임금이 없었다"(18,5)고 그의 치적을 높이 평가합니다.

3) 므나쎄의 정책(21장)

산이 높을수록 골짜기가 깊듯이, 유다 역사 중 히즈키야와 요시야가 두 개의 높은 산봉우리를 이루는 만큼 이 두 임금에 비해 므나쎄의 범죄는 더 두드러질 수밖에 없습니다. 12세에 왕위에 오른 므나쎄는 55년간 다스리는 동안 다시 우상 숭배에 빠짐으로써, 주님께서는 예언자를 통해 유다 왕국의 멸망을 예고합니다. 므나쎄 시대야말로 유다의 암흑기라 일컬어집니다.

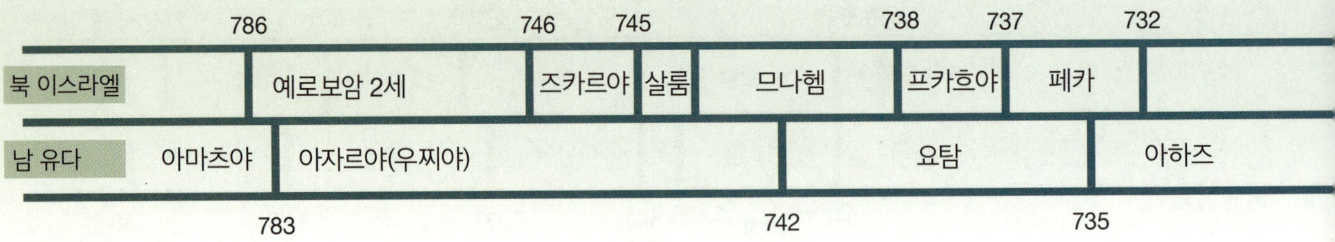

4) 요시야의 종교 개혁(22,1-23,30)

요시야는 8세에 임금이 되어 하느님의 눈에 드는 바른 정치를 했고 모든 일을 다윗을 본받아 한 발짝도 어긋나지 않고 그대로 살았습니다. 그는 기원전 622년 성전을 보수하다가 보물 창고에서 발견한 법전(원신명기)을 바탕으로 종교 개혁을 실시하면서, 공적 예배를 예루살렘 성전으로 집중시켰습니다. 또한 아시리아에 예속된 옛 북부 왕조까지 정화시켰고 예루살렘과 맞겨루던 베텔과 기타 산당들을 파괴함으로써 아시리아에 대해 정치적·종교적으로 독립을 선언하여 위상을 떨쳤습니다. 그러나 그가 이집트 파라오 느코와 싸우다 므기또에서 죽자, 유다는 급속히 패망의 길을 걸었습니다.

한 사제가 요시야 임금 앞에서 새로 발견한 법전을 읽다, 16세기, 에나멜 접시, 루브르 박물관, 파리.

5) 여호야킨과 제1차 바빌론 유배(24,8-17)

바빌로니아의 네부카드네자르가 예루살렘을 포위하고 있었던 때에 즉위한 여호야킨 임금은 바빌로니아에 대항하느니 항복하는 것이 낫겠다고 생각하여 3개월 후 투항하였습니다. 바빌로니아 임금은 성전과 왕궁의 보화들을 약탈하고 여호야킨을 위시하여 유다의 권력층, 고관들, 명사들, 기술자들을 바빌론으로 잡아갔습니다. 그리고 가난한 지방민만 남겨 두었습니다. 이사야가 말하는 "남은 자들"은 바로 이들을 가리킵니다.

724

호세아 | 722/1 사마리아 함락

히즈키야 | 므나쎄 | 아몬 | 요시야 | 여호아하즈

715 | 687/6 | 642 | 640 | 609

6) 치드키야와 제2차 바빌론 유배(24,18-25,26)

치드키야는 여호야킨의 후임으로 왕위에 올라 바빌로니아에 잘 복종하다가, 어리석게도 4년 뒤에 반기를 듭니다. 그리하여 네부카드네자르가 예루살렘을 포위해 양식이 떨어지자, 밤중에 탈출하다가 붙들려 자식들을 잃고 자신은 실명을 당한 채 바빌론으로 끌려가고 말았습니다. 그달야가 총독으로 임명되지만 왕족의 후손들에게 살해되고 맙니다.

7) 여호야킨이 에윌 므로닥에게 대접을 받다(25,27-30)

바빌론에 포로로 끌려갔던 여호야킨은 37년간 억류 생활 끝에 자유로운 몸이 되어 귀빈 대접을 받았습니다. 이로 말미암아 유배민들은 고국으로 돌아갈 날이 멀지 않았으리라 기대했을 것이고, 그들의 꿈은 페르시아가 바빌론을 정복한 후 키루스 칙령을 내려 현실로 이루어집니다. 다시 말해 여호야킨의 석방은 미래로 열린 희망의 서광이라고 할 수 있지요. 그를 중심으로 다윗 왕조의 회복도 꿈꾸어 보게 되었습니다. 그 희망은 이스라엘 백성이 참회를 해서도 아니고 또 주님의 명령에 복종해서도 아닙니다. 이 마지막 희망이 아주 없어지지 않은 것은 주님의 약속 때문입니다.

"나는 이 도성을 보호하여 구원하리니 이는 나 자신 때문이며 나의 종 다윗 때문이다"(19,34).

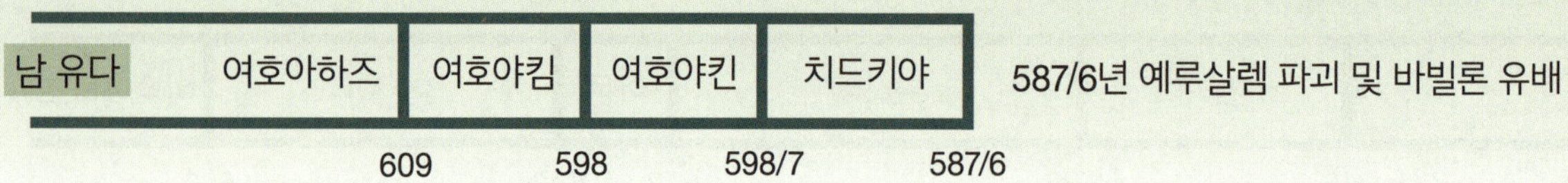

*자료: M. Tadmor

* 연도는 대부분 추정치이다

역대기 상권

11주간

제1일: 1역대 1,1-10,14
(시편 145,2-9)

제2일: 1역대 11,1-21,30
(시편 96,1-13)

제3일: 1역대 22,1-2역대 4,22
(시편 145,10-13)

1. 입문

1) 책의 이름과 위치

역대기 상·하권과 에즈라기, 느헤미야기는 사상과 문체와 신학이 매우 밀접해 이 책들을 통칭하여 역대기계 역사서라 부릅니다. 그 중에서 에즈라기와 느헤미야기가 먼저 히브리 경전으로 인정된 뒤, 역대기는 에즈라기, 느헤미야기와 구분되었습니다.

역대기는 히브리 성경에서 '디브레이 하야밈'(דברי הימים: 날들/ 매일의 사건들)이라 불리며 맨 뒤에 위치해 있습니다. 반면에 칠십인역 그리스어 성경에서는 '파랄레이포메논'(Παραλειπομενων: 빠뜨린 것, 옆에 남겨 놓은 것)이라 불리며 두 권으로 나뉘어 열왕기에 이어 나옵니다. '역대기'라는 우리말 성경 이름은 예로니모 성인이 제안한 연대기 또는 편년사를 의미하는 '크로니콘'(Chronicon)을 번역한 것입니다.

2) 저자

이 책의 저자를 에즈라로 보는 견해도 일부 있지만, 다수는 역대기계 사가들이 편집한 것으로 봅니다.

3) 저술 연대

역대기의 저술 연대를 단정하여 규정짓기에는 어려움이 많습니다. 많은 학자가 역대기의 저술 연대를 그리스 시대로 보기도 하고 페르시아 시대(기원전 538-333)로 보기도 합니다.

4) 저술 목적

성경의 역사 서술은 저작 또는 편집되는 시대의 과제를 해결하기 위한 메시지를 담고 있습니다. 역대기는 페르시아가 바빌로니아를 멸망시키고 이스라엘의 종교와 예배의 자유를 허용하였던 시기에 편집되기 시작하였습니다. 당시 이스라엘 백성은 키루스의 해방령에 힘입어 제2이사야(이사 40-55장)가 선포한 대로 부푼 희망을 안고 바빌론 유배에서 돌아왔습니다. 그런데 막상 돌아와 보니 현실은 기대만큼 그들을 반기지 않았습니다. 이로 말미암아 깊은 좌절과 허무에 빠져들게 된 이스라엘 백성에게, 새로운 희망을 불어넣으려고 역대기가 쓰였으리라 봅니다. 이를 위해 역대기계 사가는 성전과 성전 예배를 강조하며 하나인 공동체를 묘사하고, 선조들과 예언자들을 통해 약속하신 다윗 왕조가 재건되리라는 꿈을 제시하였습니다.

5) 상권의 줄거리

역대기 상권은 아담에서 아브라함에 이르는 족보로 시작합니다. 아담에서 아브라함과 이스라엘의 열두 지파를 거쳐 다윗에 이르는 조상들의 족보는, 아담에서 비롯하는 인류 역사가 다윗과 솔로몬이 이룩한 성전 예배에 기초한 신정 통치 역사를 통하여 가고 있고, 또 가야 한다는 것을 잘 드러내 줍니다. 그런 면에서 이스라엘의 초대 임금 사울에 대해서는 스쳐 지나가듯이 다루고, 다윗 임금의 치적에 초점을 맞춥니다.

제1부 다윗의 족보 (1-10장)	제2부 다윗의 치세 (11-21장)	제3부 성전 건축 준비 (22-29장)
- 아담에서 야곱의 열두 아들 - 유다 지파와 다윗의 족보 - 레위 지파 - 사울	- 다윗의 업적 - 예루살렘 건설 - 다윗의 전쟁 기록 - 인구 조사	- 성전 건축 준비 - 제의 제도 확립 - 다윗의 기도

사무엘기와 열왕기에서 다윗은 온 이스라엘의 가장 위대하며 으뜸가는 임금으로 소개되면서도, 그 역시 약점과 불완전함을 지닌 인간으로 그려집니다. 그런데 역대기 상권에서는 다윗의 정치적 역량에 특별한 관심

을 보이지 않으면서도, 다윗을 모든 임금 가운데에서 가장 위대한 임금으로 높이고 있습니다. 특히 신명기계 역사서와는 달리 성전 건축을 위한 모든 준비를 끝내고, 솔로몬에게 성소의 모형을 넘겨주며, 예배 거행에 필요한 조직을 꼼꼼하게 계획하여 알려 주는 인물로 묘사합니다.

2. 다윗의 족보(1-10장)

1) 아담에서 다윗까지 족보(1-9장)

족보는 한 시대의 역사를 총괄하는 방법의 하나로, 당시의 사상이나 사회적·경제적 조건을 보여 주기 때문에 성경에 자주 사용되었습니다. 역대기 첫머리에 나오는, 언뜻 보기에 무미건조해 보이는 족보에도 역대기계 사가의 의도가 숨어 있습니다.

첫 사람 아담에서 족보 시작: 이스라엘 민족의 형성은 이미 세계 창조 때부터 하느님의 의중에 있었다고 시사
이스라엘의 열두 아들 제시: '하느님', '선택'이라는 말은 사용하지 않지만, 하느님께서 이스라엘을 선택하셨다고 암시
유다와 다윗 족보 제시: 다윗을 통해 이스라엘 왕국을 세우는 것이 주된 목적이라고 암시

성전 예배에 관심이 많은 역대기계 사가는 레위 지파에 대해서도 다윗 왕가 못지않게 길게 설명합니다. 사울에 대하여는 간단히 언급하고 지나친 반면에, 다윗 가문과 레위 지파에 대하여 자세히 서술함으로써 유다 백성의 역사, 즉 예루살렘 성전을 중심으로 한 그들의 역사를 세계사의 전망에서 펼쳐 보입니다.

역대기 족보에 나타난 구절 수

유다와 다윗의 족보	약 100절	유다와 벤야민 지파	약 40절
사제와 레위 및 성전 종사자들	약 120절	그 외 열 지파	약 85절

2) 사울의 몰락(10장)

역대기계 사가는 다윗의 즉위에서 이야기를 시작하면서 그 배경으로 사울 생애의 마지막 일을 기록합니다. 사울 자손의 족보를 자세히 소개한 다음 사울이 주님을 배신하여 죽었기에 사울 집안이 더는 존재하지 않는 것으로 묘사합니다. 이로써 다윗이 처음부터 온 이스라엘의 임금으로 등장했다고 강조합니다.

신명기계 사가가 사울의 통치 및 사울과 다윗의 관계를 1사무 16-31장에서 상세히 서술하는 데 반해, 역대기계 사가는 다윗의 통치를 보고하기 위한 예비 이야기로 사울이 어떻게 죽었는지에 관하여 단 열네 절로 언급합니다. 하느님 백성의 역사에서 사울의 생애는 큰 의미를 갖지 못한다고 보았기 때문입니다. 사무엘기 상권에서는 아말렉인이 사울을 죽였다고 하는데, 역대기에서는 할례 받지 않은 자에게 욕을 당할까 봐 자결하였다고 하여 제의적인 면을 중요하게 여깁니다.

3. 다윗의 치세(11-21장)

1) 다윗의 업적(11-17장)

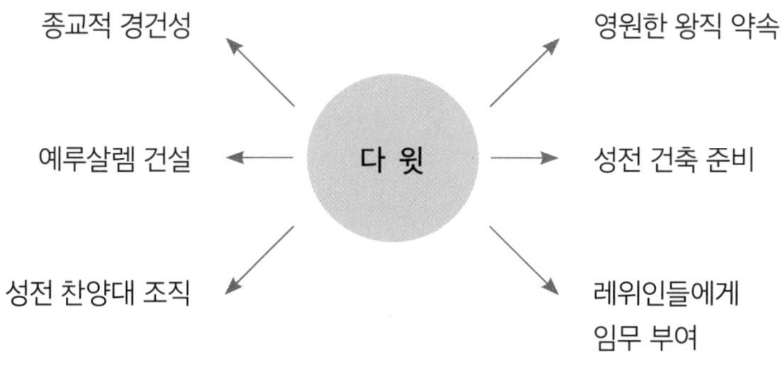

역대기 저자는 다윗이 헤브론에서 다스린 기간을 언급하지 않고 그가 통일 왕국의 임금이 되어 예루살렘에 계약 궤를 모시는 것에서 이야기를 시작합니다. 다윗이야말로 하느님께서 마음에 두신 유일한 참임금이며 다윗 왕조의 시조임을 부각시키려 한 것입니다.

다윗과 솔로몬에 대한 역대기계 사가의 관심은 그들 개인을 추앙하거나 그들의 정치적 역량과 영화를 찬양하는 데 있지 않습니다. 전쟁 용사이자 위대한 정치인인 다윗의 모습은 대부분 이차적 요소로 나타납니다. 역대기계 사가는 무엇보다도 다윗이 이스라엘을 예배 공동체로 조직한 인물이라는 점을 중시하고, 솔로몬의 성전 건축과 봉헌 기도에 강조점을 둡니다.

2) 다윗의 전쟁 기록과 인구 조사 (18-21장)

역대기 저자는 다윗이 주변 나라들을 점령하고 조공받은 사실을 자세히 기술함으로써, 사무엘기 하권보다 더 큰 승리자로 다윗을 묘사합니다. 또한 사무엘기 하권에 그려진 잔인한 모습은 삭제합니다. 아울러 전쟁의 승리자는 야훼라는 사상을 강조하여, 영광 받으실 분은 주님이시지 인간이 아니라는 것을 분명히 밝힙니다.

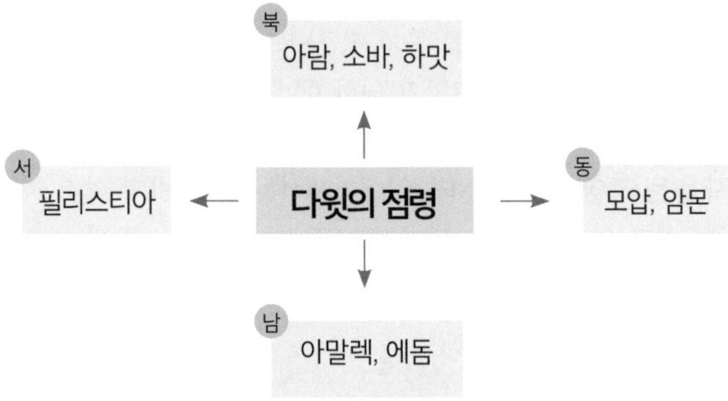

"주님께서는 다윗이 어디를 가든지 도와주셨다"(18,6).

다윗이 주변 나라들을 점령하고 지배한 것은, 다윗 왕조가 영원히 지속되리라는 17장의 약속을 이루는 데 중요한 요건 하나가 마련되었음을 의미합니다. 17장의 약속이 다윗 왕조를 '시간'으로 보장한 것이라면, 18-20장은 이를 '공간'으로 보장해 준 것이라 할 수 있습니다.

4. 성전 건축 준비(22-29장)

1) 성전 건축 준비(22장)

	신명기계 사가	역대기계 사가
성전을 지을 생각은 언제?	사방의 모든 원수에게서 평온하게 되었을 때 (2사무 7,1-2)	이스라엘을 다스리기 시작할 때부터 (1역대 22,7)
성전을 짓지 않은 이유?	주님: 주님께서 천막에 만족하시며, 다윗의 후손이 짓도록 하셨기에 (2사무 7,5-13)	사람의 피를 많이 흘리고 큰 전쟁들을 벌였으므로 (1역대 22,8; 28,3)
	솔로몬의 시각: 부왕은 적들과 전쟁을 해야 했기 때문에(1열왕 5,17)	

신명기계 사가는 다윗이 예루살렘으로 계약 궤를 옮긴 후에 곧바로 성전을 짓지 않고 그 막중한 과제를 아들 솔로몬에게 넘겨준 이유를 2사무 7장에 나오는 나탄의 예언에서 찾습니다. 성전을 지으려는 열망이야 간절했지만, 나탄을 통해 하느님의 직접 계시를 받아 솔로몬에게 넘겼다고 본 것입니다. 반면에 적들과 전쟁하느라 피를 너무 많이 흘렸기 때문에 성전을 짓지 못했다는 식으로 예배적 측면에서 고찰하고 있는 데서, 역대기계 사가의 관심이 '성전'과 '예배', 그리고 '예배 공동체'에 있다는 것이 잘 드러납니다.

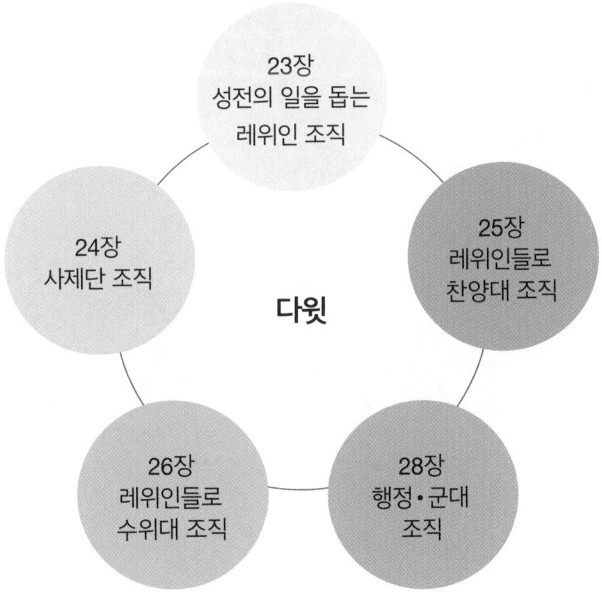

또 역대기에서 다윗은 임금으로 즉위한 처음부터 성전을 지을 생각을 하고, 오로지 성전을 지을 준비로 일생을 보낸 것처럼 묘사됩니다. 다윗의 온 생애가 오로지 성전 건축만을 위해서 살아온 것처럼 그려집니다.

2) 새 제의(전례) 제도 확립(23-28장)

다윗은 솔로몬을 왕위 계승자로 지명한 다음, 성전 봉사를 위엄 있게 할 수 있도록 질서를 잡고, 왕국의 군대와 행정 조직을 준비합니다.

역대기 하권

11주간

제3일: 1역대 22,1-2역대 4,22
(시편 145,10-13)

제4일: 2역대 5,1-16,14
(시편 68,25-35)

제5일: 2역대 17,1-27,9
(시편 39,2-14)

제6일: 2역대 28,1-36,23
(시편 107,11-21)

1. 입문

1) 하권의 줄거리

역대기 하권은 다윗의 아들 솔로몬이 왕위를 굳히게 되었다는 말로 시작해서, 치드키야의 통치 시절에 겪은 바빌론 유배에 이르기까지 역사를 담담하게 그려 내고 있습니다.

1-9장에서는 솔로몬의 통치 업적에 대하여 말하는데, 대부분 성전 건축에 관심을 두고 기술합니다. 10-36장에서는 분열 왕국 시대의 유다 역사를 무려 27장에 걸쳐 자세히 제시합니다. 특히 북 왕국 이스라엘의 임금들은 일체 다루지 않은 채, 르하브암에서 치드키야까지 20대에 걸친 남 왕국 유다의 임금들만을 하나씩 열거합니다. 아울러 각 임금이 다스리던 시절에 벌어졌던 대표적인 사건을 내세워 그 임금의 치세를 평가합니다. 임금의 업적 중에서 종교 개혁 및 사제의 직능과 관련된 업적을 강조하면서, 상선벌악이라는 역대기계 사가의 사상을 직접 나타내 보입니다.

2) 구조

제1부 솔로몬 치하 (1-9장)	제2부 분열 왕국의 유다 임금들(10-36장)	
	북이스라엘 멸망 이전(10-28장)	북이스라엘 멸망 이후(29-36장)
1. 다윗의 계승자 2. 성전 건축 3. 솔로몬 통치	1. 르하브암-아탈야 2. 요아스-아하즈	1. 히즈키야, 므나쎄, 아몬 2. 요시야 3. 요시야 이후

2. 솔로몬 치하(1-9장)

1) 다윗의 계승자(1장)

역대기계 사가는 1,1에서 솔로몬의 통치를 요약하면서, 솔로몬의 위대함을 하느님의 선물로 표현합니다. 그래서 솔로몬이 아도니야와 요압과 시므이를 처형하고 에브야타르 사제를 아나톳으로 쫓아낸 이야기, 파라오의 딸과 결혼하였다는 이야기는 생략합니다.

솔로몬의 업적을 이야기할 때도 대부분 성전 건축에 집중하고, 아버지 다윗의 과업을 계속 수행한 것에 초점을 맞춥니다. 솔로몬이 즉위한 뒤에 처음 한 일도 관리들과 백성을 불러 모아 기브온에서 가진 국가적 종교의식이었습니다. 하느님의 종 모세가 만든 만남의 천막을 특별히 강조하는 동시에, 솔로몬이 종교 제도인 성전에 대해 쏟은 관심을 중요하게 여겼기 때문입니다.

또한 하느님께서 그 누구와도 비교할 수 없을 만큼 솔로몬에게 큰 복을 주셨다는 사실을 강조합니다. 그 약속은 이전과 이후에도 그만큼 소유한 임금이 없었다는 데서 성취되었음이 입증됩니다. 임금의 임무는 1열왕 3,1-15을 배경으로 기술하되, 역대기계 사가의 목적에 적합하지 않은 요소들은 생략하였습니다.

2) 성전 건축(2-7장)

역대기계 사가는 솔로몬을 아버지 다윗이 부여한 성전 건축의 임무를 그대로 수행한 성전 건축자와 성전 봉헌자로서 철저히 부각시킵니다. 솔로몬은 주님께서 다윗에게 나타나셨던 모리야산, 다윗이 잡아 놓았던 집터에(2역대 3,1 참조) 다윗이 길러 준 기술자들을 데리고 성전과 제단을 지었고, 그 성전을 봉헌했다고 기록합니다.

또한 역대기계 사가는 성전 자체보다도 그 안에서 이루어지는 예배에 더 큰 관심을 기울입니다. 그는 성전이 하느님께 예배 드리는 장소라고 분명히 밝힙니다(2역대 2,3-5 참조). 말하자면 성전을 아침과 저녁으로 향기로운 향을 피우며(탈출 30,7-8), 때마다 제사 지내는 곳(민수 28,1-29)으로 간주합니다.

그리고 열왕기에는 사제들이 궤를 메었다고 적혀 있는데, 역대기에는 레위인들이 메고 간 궤를 사제들이 지성소로 모셔다가 커룹들의 날개 아래에 궤를 안치하였다고 기술됩니다. 모세의 율법에 따라 다윗이 제정한 규례를 따른 것으로 묘사하는 것입니다. 역대기계 사가는 레위인들을 높이 평가하면서도 사제들의 특권을 침해하지 않으려는 모습으로 기술합니다.

솔로몬 성전의 추정도

3) 솔로몬의 다른 업적(8-9장)

(1) 솔로몬의 무역 정책

스바 여왕의 방문은 역대기계 사가의 관점에서 보면, 솔로몬의 업적, 즉 '지혜'와 '부'의 측면, 그리고 명성과 호화로움에 대한 설명과 관련됩니다. 아라비아반도 남부에 있던 스바 왕국의 고대 수도 마리브는 아라비아의 북부에서 페니키아와 시리아에 이르기까지 전역에서 활발하게 펼쳐진 무역 활동의 중심지였다는 것이 고고학으로 증명되었습니다. 따라서 솔로몬 시대는 시리아에서 아라비아에 이르는 해외 교역 활동을 통해 경제적으로 부유한 시기였다고 할 수 있습니다.

(2) 여인들의 위상

솔로몬은 파라오의 공주가 살 궁을 따로 세우고 다윗 성에서 그리로 데리고 올라가 살게 하였습니다. 그 여자가 파라오의 딸(이방인)이 아니라 그의 아내(여자)였기 때문입니다. 당시 여인은 제의적 의미에서 남성보다 부정하게 여겨지는 경우가 자주 있었습니다. 그래서 제의의 정결성에 특별한 관심을 가진 역대기계 사가가 사제계 법전의 교훈에 따라 성스러운 곳에서 먼 데로 여성을 옮기려고 애쓴 흔적을 발견할 수 있습니다. 이러한 이유로 훗날 헤로데 시대에는 성전 구내에 '여인들의 뜰'을 따로 구분하였습니다.

> **"이스라엘 임금 다윗의 집을 비롯하여 주님의 궤를 모셔 들인 곳은 거룩하니,**
> **내 아내가 거기에 살아서는 안 된다"(8,11).**

3. 분열 왕국의 유다 임금들(10-36장)

역대기가 남 왕국 유다의 역사만을 전하고 있는 것은 이스라엘의 정통성이 예루살렘 성전 예배를 지켜 간 남 왕국에 있다고 보기 때문입니다.

1) 북이스라엘 멸망 이전의 임금들

1. 르하브암

"주님의 율법을 저버렸다"(12,1).

백성의 요구를 거절하고 부왕보다 더 가혹한 강경책을 제시함으로써 나라를 분열시킴

역대기계 사가의 평가

■ 하느님의 눈에 드는 좋고 옳은 일을 한 임금

■ 악을 저지른 임금

■ 변절 / 판단 보류

2. 아비야

"우리 선두에는 하느님께서 우리와 함께 계시다"(13,12).
이스라엘과 싸워 이긴 승리를 하느님의 사랑을 받은 결과로 묘사
예로보암의 금송아지 숭배 비판

3. 아사

"주 저희 조상들의 하느님을 찾겠다"(15,12).
가나안의 풍요의 신 아세라를 경배한 이유로 어머니를 폐위시켜 야훼 신앙 회복

4. 여호사팟

"임금님께서 … 주님께서 파괴하셨습니다"(20,37).
유다와 이스라엘 간에 동맹 체결, 에돔을 수중에 넣어 무역로 관장
사람들에게 율법을 체계 있게 교육시킴

5. 여호람

"주님의 눈에 거슬리는 악한 짓을 저질렀다"(21,6).
임금이 된 후 여섯 아우를 모두 죽이고
아합의 사위가 되어 우상 숭배

6. 아하즈야

"어머니가 … 악을 저지르게 하였기 때문에"(22,3).
이스라엘 임금 요람을 문안하러 갔다가 반란을 일으킨 예후에게 살해당함

7. 아탈야

"반역이다! 반역!"(23,13).
아합 임금의 딸로 왕족들을 제거한 뒤 6년간 유다를 다스리다가 살해됨

8. 요아스

"주님의 집을 고칠 마음이 들어서"(24,4).
여호야다 생전에는 바른 정치를 펴다가 사후에는 그의 아들 즈카르야를 죽임

9. 아마츠야

"옳은 일을 하였지만, 한결같은 마음으로 하지는 않았다"(25,2).
에돔에 승리를 거두고 의기양양하다가 이스라엘 임금 여호아스에게 대패, 세이르 신상들을 섬김

10. 우찌야

"즈카르야가 살아 있는 동안에는 하느님을 찾았다.
강해지면서 교만해지더니, 마침내 패악한 짓을 저지르게 되었다"(26,5.16).
성전에서 직접 분향을 드리려다 나병에 걸림

11. 요탐

"주 자기 하느님 앞에서 제 길을 굳건하게 지켰다"(27,6).
성전 윗 대문과 오펠 성벽 위에 많은 것을 세우고 암몬과 싸워 이겨 3년간 조공받음

12. 아하즈

"이스라엘 임금들의 길을 따라 걸으며,
바알들을 위하여 신상을 부어 만들기까지 하였다"(28,2).
아람과 이스라엘의 엽합 공격에 대응해 아시리아에 도움을 청하고 아시리아식 이교 제단 세움

2) 북이스라엘 멸망 이후의 임금들

13. 히즈키아

"주님의 집을 거룩하게 하시오"(29,5).
산당 및 우상을 제거하고 주님의 집 예배 회복. 파스카 축제를 성대히 지내고 종교 개혁
성벽 밑으로 수로 뚫어 외적의 침입에 대비

14. 므나쎄

"하늘의 모든 군대를 경배하고 섬겼다"(33,3).
산당을 복구해 바알 및 별 숭배 성행, 바빌론에 끌려간 뒤 회개해서 유다로 귀환

역대기계 사가의 평가

■ 하느님의 눈에 드는 좋고 옳은 일을 한 임금
■ 악을 저지른 임금
■ 변절 / 판단 보류

15. 아몬

"온갖 조각 신상에게 제물을 바치고 그것들을 섬겼다"(33,22).
끝내 회개하지 않아 반란으로 죽음

16. 요시야

"주님의 눈에 드는 옳은 일을 하였으며…"(34,2).
하느님의 집을 정화하고 주님의 집에서 발견된 율법서에 의거해 종교 개혁 추진
파스카 축제를 지냄, 아시리아와 바빌론이 맞붙은 국제 정세를 틈타
자주적 통치 기반을 펴나가려 애쓰다, 므기또 골짜기에서 파라오 느코와 싸우다 전사

17. 여호아하즈

"이집트로 데려갔다"(36,4).
요시야 서거 후 3개월간 통치

18. 여호야킴 19. 여호야킨 20. 치드키야

"주 자기 하느님의 눈에 거슬리는 악한 짓을 저질렀다"(36,5.9.12).
네부카드네자르가 쳐들어와 바빌론에 끌고 감

열왕기와 역대기는 모두 귀환의 희망을 불러일으키면서 마무리됩니다. 다만 역대기에서는 열왕기에 나오지 않는 "당신을 위한 집을 지을 임무"(2역대 36,23)를 덧붙이고 있다는 점이 다를 뿐입니다. 이스라엘이 유배지에서 돌아와 성전을 재건하는 이야기는 에즈라기로 이어집니다.

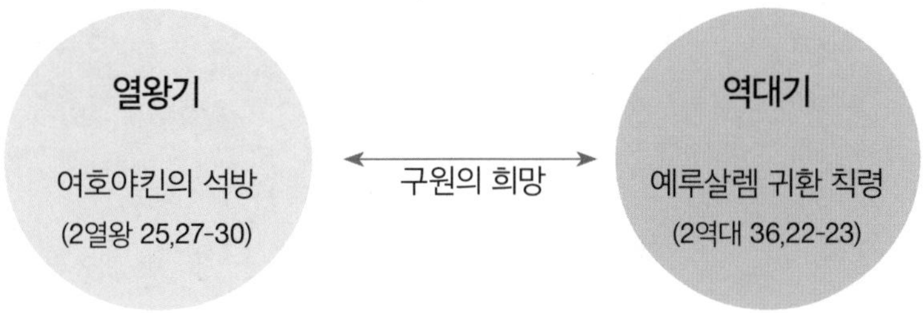

에즈라기
느헤미야기

12주간

제1일: 에즈 1,1-5,17
(시편 107,1-4)

제2일: 에즈 6,1-10,44
(시편 47,10)

제3일: 느헤 1,1-3,38
(시편 102,15-16)

제4일: 느헤 4,1-7,72
(시편 149,1-6)

제5일: 느헤 8,1-9,37
(시편 78,1-8)

제6일: 느헤 10,1-13,31
(시편 96,1-10)

1. 입문

1) 책의 이름

라틴어 성경 이름

에즈라기·느헤미야기는 바빌론으로 유배되었던 유다인들이 페르시아 치하에서 1차로 귀환할 때(기원전 538년)부터 유다 총독 느헤미야의 두 번째 임기까지의 이스라엘 역사를 다루고 있습니다. 이 책들의 이름은 이 시대에 활약했던 대표적 두 인물 에즈라와 느헤미야의 이름을 따라 붙여졌습니다.

에즈라기·느헤미야기는 원래 히브리 성경과 그리스어 성경에서는 한 권이었는데, 라틴어 성경(불가타역)에서 두 권으로 분리되었습니다. 15세기 이후 히브리 성경에서도 둘로 구분하였습니다.

2) 저자, 집필, 연대, 구조

에즈라기·느헤미야기의 저자는 역대기와 깊은 관계가 있습니다. 이 세 권에 쓰인 어휘와 문체, 기본 사상 등이 유사할 뿐 아니라 에즈라기가 역대기의 끝부분에 연결되어 있다는 점에서, 잘 알려지지 않은 역대기 편찬자가 집필했다고 보는 견해가 일반적입니다. 제의와 성전에 지대한 관심을 가지며, 상당한 식견을 지닌 것으로 미루어 레위 지파의 사람으로 여겨집니다. 기원전 400년경까지의 내용을 취급하고 있는 것으로 보아, 그 후인 기원전 4세기 중엽이나 말경에 쓰였다고 생각됩니다.

구 조

제1부(에즈 1-6장): 귀환과 새 성전의 건축

제2부(에즈 7-10장): 에즈라의 귀환과 개혁

제3부(느헤 1-7장): 예루살렘 성벽 재건

제4부(느헤 8-10장): 율법의 낭독과 참회

제5부(느헤 11-13장): 느헤미야의 개혁

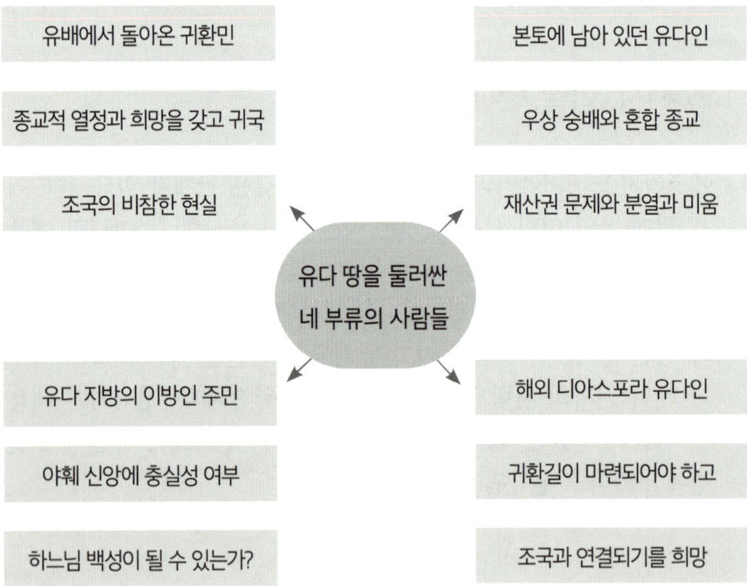

3) 시대 배경

에즈라기·느헤미야기는 유배 이후 페르시아 시대, 즉 키루스가 등장한 이후 알렉산드로스 대왕이 출현할 때까지 팔레스티나에 살던 유다인들의 상황을 알려 주는 중요한 기록입니다.

기원전 539년에 바빌로니아 제국을 함락시킨 페르시아 황제 키루스가, 이듬해에 유배민들의 귀환과 예루살렘 성전 복구 사업을 명하는 칙령을 반포합니다. 이로써 새로운 상황이 펼쳐지게 되었습니다. 유배민들이 귀환하면서 유다 땅에는 네 부류의 사람들이 공존하게 되어 갖가지 문제가 생겨납니다.

2. 귀환과 새 성전의 건축(에즈 1-6장)

유다인들은 유배라는 뼈저린 체험을 통해 자기들의 몰락이 주님께 불충했던 결과임을 깨닫고 죄스런 과거의 생활을 청산하면서 하느님의 구원을 기다렸습니다. 예레미야를 비롯하여 제2이사야, 에제키엘 등은 하느님께서 이스라엘을 해방시켜 주시리라고 예언하여 그 기대를 고조시켰으며, 유다인들은 귀환과 성전 재건 공사를 허락하는 황제의 칙령을 자기들을 구원하시려는 하느님의 섭리로 받아들였습니다.

예루살렘 성전을 재건하는 일은 당신 약속에 충실하신 주 하느님에 대한 굳은 신앙과 충실성을 드러내는 표지이며, 흩어진 이스라엘을 다시 결속시킨다는 의미에서 가장 먼저 착수해야 할 과제였습니다. 역대기계 사가는 모든 일이 "율법에 쓰인 대로"(3,4) 행해져야 하며, 제단도 원래의 터전 위에 세워져야 한다는 것을 강조합니다.

3. 에즈라의 귀환과 개혁(에즈 7-10장)

역대기계 사가는 에즈라를 모세의 율법에 정통한 자로 제시합니다. 그는 약 오천 명의 동포를 이끌고 예루살렘으로 돌아옵니다. 에즈라는 하느님 법과 페르시아 임금의 법에 따라서 사법 질서를 바로잡고, 예루살렘과 유다의 종교 문제를 개혁하기 위해 파견되었습니다. 또 그는 백성에게 유다인 종교의 고유한 핵심인 율법을 가르치는 사명을 받았습니다.

에즈라는 유다 땅에 신정神政을 확립하거나 율법의 절대적 유효성을 입증하기보다, 주 하느님께 충실한 거룩한 백성이 되도록 이스라엘을 재건하려고 하였습니다. 그래서 그는 먼저 이스라엘 백성과 이방인의 통혼을 끊는 개혁 작업부터 시작합니다.

4. 예루살렘 성벽 재건(느헤 1-7장)

느헤미야는 페르시아에서 형제 하나니에게서 예루살렘이 버려진 채 있다는 말을 듣고는 슬피 울고 탄식하면서 예루살렘으로 가게 해 달라고 기도를 드립니다. 기도를 드린 지 4개월[키슬레우 달(1,1)-니산 달(2,1)] 만에 느헤미야는 황제의 허락을 받아 성벽 재건에 필요한 목재를 가지고 예루살렘으로 가는데, 이 소식을 들은 이웃 주민들이 집요하게 공사를 방해합니다.

1) 외부의 어려움: 이웃 관료들의 방해 공작

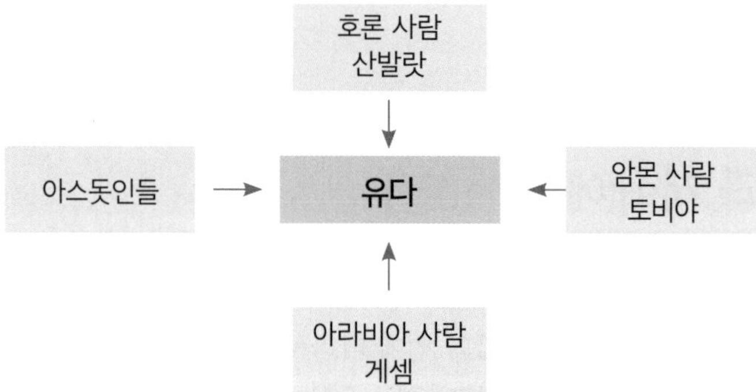

느헤미야는 하느님의 도우심으로 모든 장애를 물리치고 52일 만에 성벽 복구 공사를 완성합니다.

2) 내부의 어려움

밖의 곤경이 해결되자마자 내부 문제가 심각한 모습으로 드러납니다. 경제적 부담이 늘어나면서 문제는 사회적, 경제적 불평등에 집중되었습니다. 고통당하는 백성의 외침 소리를 들은 느헤미야는 동포를 착취하는 자들을 엄하게 꾸짖고, 수탈한 재물을 돌려줄 것을 서약하게 하여 하느님을 두려워하는 마음을 갖도록 합니다(5,10-13).

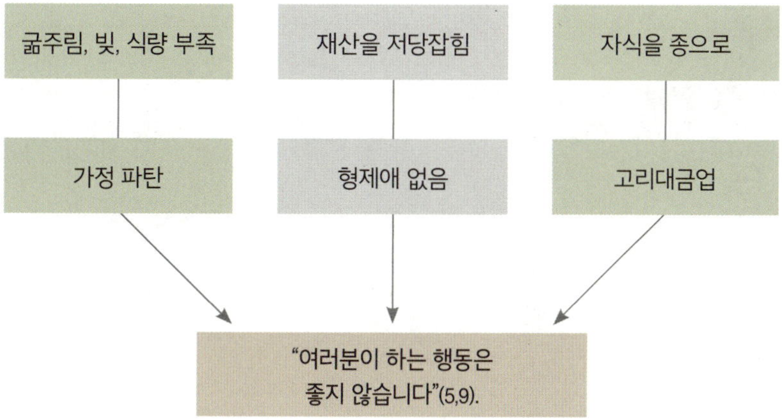

5. 율법의 낭독과 참회(느헤 8-10장)

성벽을 완공하여 안정된 생활 기반이 조성되자, 느헤미야는 이스라엘 백성의 종교 생활을 크게 혁신합니다. 그는 먼저 주님께서 모세를 통하여 이스라엘 백성에게 주신 법전을 듣는 일부터 시작합니다. 에즈라가 특별히 마련된 나무 연단에 올라가 아침부터 한낮까지 법전을 읽어 주었고, 레위인들은 그 옆에 서서 백성들이 읽은 것을 이해할 수 있도록 해설해 주었지요. 다음날 백성은 율법의 지시에 따라 초막절을 지냅니다. 이스라엘은 새해 첫달인 7월(양력 9-10월) 초하루를 주님께 바쳐진 거룩한 날로, 10일은 죄를 벗는 날로 여겼고, 15일부터 일주일간을 초막절 절기로 지냈습니다.

6. 느헤미야의 개혁(느헤 11-13장)

다시 예루살렘으로 돌아온 느헤미야는 예전부터 공동체를 괴롭히는 골치거리를 파악하고, 타협과 붕괴로부터 공동체를 구할 수 있는 조치를 단호하게 취합니다.

토빗기

13주간

제1일: 토빗 1,1-6,18
(시편 27,1-4.7-9)

제2일: 토빗 7,1-14,15
(시편 41,1-4)

1. 입문

1) 책의 이름

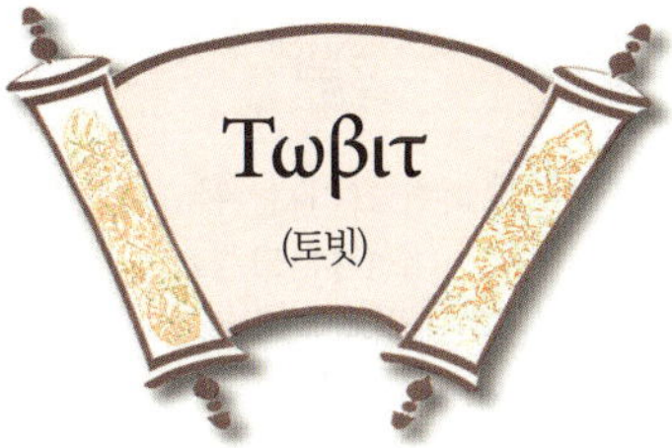

이 책의 주인공인 토빗('주님은 나의 선함'이라는 뜻인 토비아스의 약어)의 이름을 붙였습니다. 그리스어 성경에만 들어 있으며, 라틴어 성경에서는 '리베르 토비스'(Liber Thobis)라고 부릅니다.

2) 저자 및 저술 연대

어느 유다인이 기원전 200-180년경에 그리스어(또는 히브리어와 아람어 같은 셈어)로 집필하였다고 봅니다.

3) 문학 유형

독자에게 교훈을 주기 위해 역사적 사건이나 인물을 자유롭게 윤색하여 꾸민 '이야기'입니다. 민간에 전해 내려오던 '신혼방의 귀신' 이야기, 설화, 선조들의 사화, 시편 기도문 등 여러 가지 전승을 사용했습니다.

4) 저술 목적

저자는 헬레니즘 문화권에서 살고 있는 당시 유다인들에게 율법 준수, 기도, 자선, 가정과 결혼, 자녀에 대한 사랑, 효도, 죽은 이에 대한 배려, 천사와 마귀 등에 대한 유다교의 주요한 가르침을 심어 주어, 하느님께 충실한 신앙인으로 정체성을 지키며 살아가도록 돕고자 하였습니다.

5) 토빗기의 구조와 배경

토빗기는 아시리아의 니네베로 끌려간 토빗과 라구엘 가정에 닥친 시련을 해결하는 과정을 보여 주면서, 끝까지 당신을 신뢰하는 이들을 돌보시는 하느님의 자비와 정의를 드러냅니다.

구조

1부	2부	3부
토빗의 시련과 믿음 (1,1-6,1) 이야기의 배경과 발단	토비야의 여행과 혼인 (6,2-11,18) 이야기의 전개와 절정	토빗의 찬미와 죽음 (12,1-14,15) 이야기의 마무리

역사적 배경
— 아시리아의 임금들

역사	토빗
유다와 이스라엘의 분열 - 기원전 922	토빗 1,4
티글랏 필에세르 3세(744-727) - 갈릴래아 점령(733-2)	1,2-3
살만에세르 5세(726-722) - 북이스라엘 점령(722)	1,13
사르곤 2세(721-705) - 북이스라엘 유배(721)	언급 없음
산헤립(704-681) - 예루살렘 포위(701)	1,15
에사르 하똔(680-669)	1,21-22
아수르바니팔(668-627)	언급 없음
메디아와 바빌로니아에 의한 아시리아 멸망(612)	14,15

2. 토빗의 시련과 믿음(1,1-6,1)

토빗 가문은 선조들의 이름에 '엘(하느님)'이라는 말이 붙고 예루살렘으로 순례를 간 것으로 보아, 열심히 하느님을 섬겼던 집안이었음을 알 수 있습니다. 니네베에 유배 와서도 율법에 충실했던 토빗 집안에 여러 시련이 닥칩니다.

	토빗	사라
시련	1) 재산 몰수(1,20) 2) 시력 상실(2,10)	1) 남편 일곱의 죽음(3,8) 2) 사람들의 조롱(3,7-9)
기도	1) 주님 정의 인정(3,2) 2) 잘못 고백-구원 호소(3,3-6)	1) 하느님 찬미(3,11) 2) 자비 호소(3,12-15)

↓

기도를 들으시는 하느님(3,16-17)

↓

라파엘 천사의 파견
(라파엘: '하느님께서 치유하신다'는 뜻)

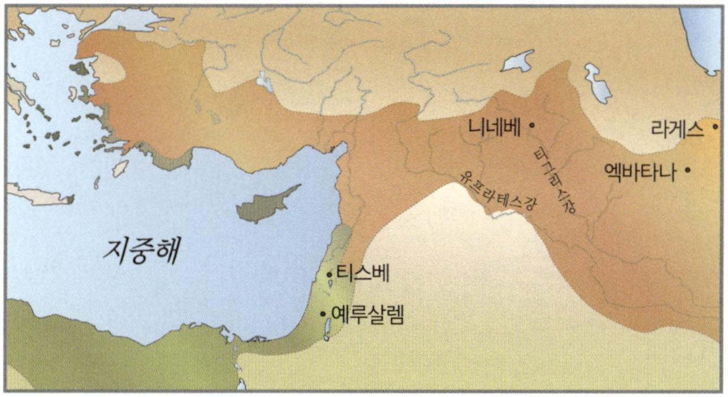

토비야에게 사명을 주어 떠나보내는 토빗

① 아들에 대한 가르침

효도: "어머니 마음을 슬프게 하지 마라"(4,3).

하느님 섬김: "평생토록 늘 주님을 생각하고, … 주님의 계명을 어기려는 뜻을 품지 마라. … 진리를 실천하는 이는 무슨 일을 하든지 성공을 거둔다"(4,5-6).

자선 베풂: "자선을 베풀 때에는 아까워하지 마라. … 네가 가진 만큼, … 자선을 베풀기를 두려워하지 마라"(4,7-8).

이웃 사랑: "네 동포들을 사랑하여라. … 무슨 일이든 조심해서 하고, … 현명한 사람이면 누구에게나 조언을 구하고…"(4,13.14.18).

② 토비야의 여정

토비야와 라파엘은 길을 떠나는데, 엑바타나에서 라게스까지는 "이틀 길"(5,6)이 아니라 360km가 넘습니다.

3. 토비야의 여행과 혼인(6,2-11,18)

토비야와 라파엘을 떠나 보내는 토빗,
15세기, 성경 사본 삽화.

라파엘은 세 단계에 걸쳐 하느님의 자비로운 치유를 보여 줍니다. 주님의 사랑을 체험한 그들은 기뻐하며 하느님께 감사와 찬양을 드리게 됩니다.

1) 사라의 혼인과 치유(7,1-8,21)
2) 돈을 되찾음(9,1-6)
3) 토빗의 시력 회복(11,1-18)

"저희 조상들의 하느님, 찬미받으소서.
당신의 이름은 대대로 영원히 찬미받으소서.
… 이제 저는 욕정이 아니라 진실한 마음으로
저의 이 친족 누이를 아내로 맞아들입니다"(8,5-7).

4. 토빗의 찬미와 죽음(12,1-14,15)

라파엘은 자신이 천사임을 밝히며 이렇게 권유한 뒤 떠납니다.

"하느님께서 너희에게 잘해 주셨으니, 살아 있는 모든 이 앞에서 그분을 찬미하고 찬양하여라.
… 하느님의 업적은 존경하는 마음으로 드러내어 밝히는 것이 좋다. 선을 행하여라"(12,6-7).

1) 토빗기의 가르침

① 고통은 하느님의 징벌이 아닌 시험
② 일상에서 하느님을 신뢰하고 가르침대로 살 것
③ 하느님께서는 의인에게 상을 주심

예수님께서도 "하느님의 나라 때문에 … 를 버린 사람은, 현세에서 여러 곱절로 되받을 것이고 내세에서는 영원한 생명을 받을 것이다"(루카 18,29-30)라고 일러 주십니다.

2) 신앙의 거울 토빗

토빗기는 당시 유다인들뿐 아니라 우리에게도, '어떻게 하느님 뜻에 맞는 신앙 공동체를 엮어 나갈 수 있는가'를 보여 줍니다.

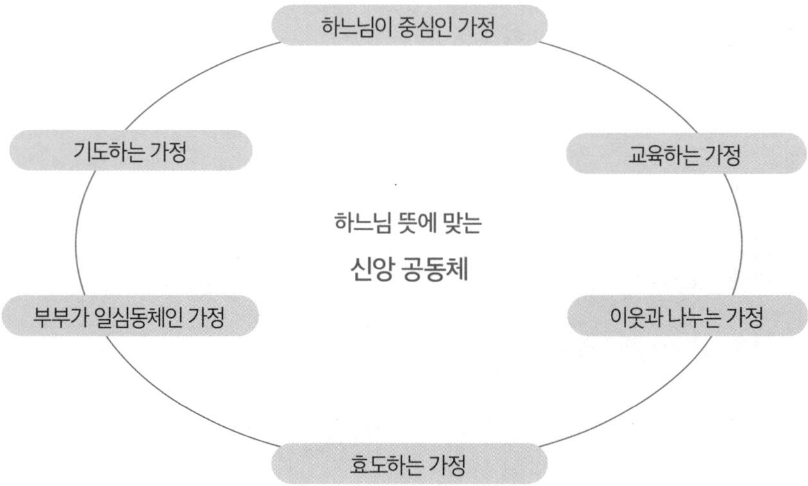

유딧기

13주간

제3일: 유딧 1,1-8,36
(시편 69,2-7)

제4일: 유딧 9,1-16,25
(시편 33,16-22)

1. 입문

1) 책의 이름

주인공의 이름을 따서 유딧기라고 했습니다. 유딧(*Judith*)은 히브리어로 '유다인 여자, 유다 여자'라는 뜻입니다. 그리스어 성경 이름은 '유딧'('Ιουδιθ)이고, 라틴어 성경에는 '리베르 유딧'(Liber Iudith)으로 나옵니다.

2) 저술 연대 및 언어

이방인의 위협을 크게 느끼는 내용 등으로 보아 하스모네아 시대인 기원전 150-100년에 쓰였다고 봅니다. 오늘날 학자들은 원래 이 책이 히브리어로 쓰였을 것이라고 추정하지만, 사본이 남아 있지 않습니다.

3) 저술 목적

이 책은 이스라엘의 역사를 서술하기보다 교훈을 주기 위해 서술되었습니다. 즉 하느님께서는 언제나 당신 선민을 보호해 주신다는 것과, 아무리 큰 위기가 닥치더라도 가장 약해 보이는 도구를 쓰시어 원수들을 멸하신다는 것을 유다인들에게 확신시키려 한 것입니다. 또한 유다인이 이방인과 싸우는 이유를 밝히기도 합니다.

아시리아 군대의 만행, 산헤립 궁전의 부조(부분), 영국 박물관, 런던.

4) 메시지

이 책의 내용은 불과 몇 달간의 일로 서술되지만, 성경에 제시된 자료를 실제 역사에서 살펴보면, 여러 세기에 걸쳐 생긴 일임을 알 수 있습니다. 이 밖에도 시대, 인물, 지리적 착오가 많습니다. 아마 기원전 8세기부터 기원전 4세기까지 있었던 역사적 사건을, 저자가 살고 있던 하스모네아 시대와 연관시켜 동족의 신심과 애국심을 불러일으키기 위하여 쓴 것으로 봅니다.

	실 제	유딧기의 내용
네부카드네자르	신바빌로니아 임금 (기원전 605-561년) 메디아와 싸운 적 없음	아시리아 임금 니네베에서 통치(?-기원전 612년) 메디아와 싸움
홀로페르네스	그보다 약 200년 후인 기원전 350년경 아르타크세르크세스 3세 때	네부카드네자르 시대
배 경	여러 세기	불과 몇 달

즉 유딧기는 하느님께 충실한 이들과 세상을 휩쓰는 악의 세력 간의 투쟁을 보여 줍니다. 세상에는 악이 선보다 강해 보이는 때가 흔하지만, 하느님의 법에 충실한 자가 결국 승리하리라는 메시지를 담고 있습니다.

5) 유딧기의 구분

제1부	1-7장	머리글, 이방인의 위협을 받는 유다
제2부	8,1-16,20	유다를 구하는 유딧
제3부	16,21-25	유딧의 나머지 생애와 죽음

2. 이방인의 위협을 받는 유다(1-7장)

아시리아의 임금 네부카드네자르는 메디아의 임금과 싸울 때에 유다를 비롯한 여러 나라에 지원을 요청했지만 거절당하고 맙니다. 그러자 네부카드네자르는 메디아를 쳐부순 후에 총사령관 홀로페르네스를 시켜 지원을 거절했던 나라들을 하나씩 토벌합니다. 가는 곳마다 약탈과 살인을 저질렀기 때문에, 많은 나라 사람들은 그가 무서워 마지못해 화평을 청할 수밖에 없었습니다.

그러나 유다 사람들은 당시 대사제였던 여호야킴을 중심으로 힘을 합하여 그들에게 대항할 준비를 합니다. 그리고 기도와 참회로써 하느님께 기도합니다. 이러한 이스라엘을 치려고 홀로페르네스는 작전 회의를 여는데 암몬의 지휘관 아키오르가 조언을 합니다. 이스라엘의 하느님은 정의로운 하느님이시며 이스라엘이 율법을 어기지 않는 이상 그들을 지켜 주시리라는 것이었습니다. 그러나 홀로페르네스는 아키오르의 조언을 듣지 않고 오히려 그를 쫓아내며 선전포고를 합니다.

아시리아 군대의 포위로 식수와 양식이 끊어지자 이스라엘 자손들은 하느님께 울부짖습니다. 온 백성은 마침내 아시리아와 화평하기를 원했습니다. 지도자 우찌야는 닷새 동안 하느님의 도우심을 청하면서, 만일 하느님의 도우심이 없을 경우 백성의 말대로 항복하겠다고 말합니다. 그때 유딧이 그 소식을 듣고 나섭니다.

부하를 파견하는 아시리아 임금 사르곤 2세, 기원전 8세기, 루브르 박물관, 파리.

3. 유다를 구하는 유딧(8,1-16,20)

유딧은 늘 단식을 지키며 하느님을 무척 공경하는 아름답고 부유한 과부였습니다. 이스라엘을 구하겠다고 나선 유딧은 먼저 이스라엘의 구원이 하느님께 달려 있다고 믿고, 활동하기에 앞서 기도 드립니다.

“당신은 오히려 미천한 이들의 하느님, 비천한 이들의 구조자, 약한 이들의 보호자, 버림받은 이들의 옹호자, 희망 없는 이들의 구원자이십니다"(9,11).

마침내 유딧은 적장의 탐욕스런 마음을 틈타 그의 목을 베어 이스라엘로 돌아오고, 유다인들은 아시리아 군대를 공격합니다. 이렇게 하여 이스라엘을 구하기 위한 유딧의 계획은 멋지게 성공합니다.

> **"전능하신 주님께서는 그들을 여자의 손으로 물리치셨다.**
> **향기로 바치는 희생 제물도 모두 별것 아니고,**
> **당신께 번제물로 바치는 굳기름도 모두 보잘것없습니다.**
> **그러나 주님을 경외하는 이는 언제나 위대합니다"(16,5.16).**

4. 유딧의 나머지 생애와 죽음(16,21-25)

유딧은 그 후에도 존경을 받으며 과부로서 정절을 지키며 살았는데, 시녀에게 자유를 주었을 뿐 아니라 자기 재산을 친척들에게 나누어 주었습니다. 이스라엘은 그녀가 죽은 후에도 오랫동안 평화를 누렸다고 기록되어 있습니다. 하느님께서 그녀의 올바른 삶에 복을 내리셨던 것입니다.

위대한 여인, 유딧

① 하느님 정의의 도구
- 신앙인의 모범
- 민족의 자랑스런 여인

- 불의와 맞서 정의롭게 산 여인
- 하느님의 도우심을 믿은 여인

② 여성의 모범
- 자신의 신앙관에 따라 스스로 삶을 결정하고
  실행할 줄 안 독자적이고 자유로운 여인
- 민족을 구하기 위해 자신의 모든 것을 내놓은 용기 있는 여인
- 하느님이 계획하신 때를 기다릴 줄 안 지혜로운 여인

③ 성모 마리아의 예형
- 인류에게 구원을 가져다 준 구세주의 어머니 마리아를 예표함
  [그래서 교회는 성모 축일에 유딧에게 바친 찬사(15,9-10)를 자주 인용한다]

도나텔로, 유딧, 1456-1460, 피렌체.

에스테르기

13주간

제5일: 에스 1,1-5,14
(시편 17,1-15)

제6일: 에스 6,1-10,31
(시편 30,7-13)

1. 입문

1) 책의 이름

책의 여주인공의 이름을 따서 에스테르기라 지었습니다. 에스테르는 페르시아 이름이거나 바빌론의 사랑과 전쟁의 신 이쉬타르에서 유래하는 이름 등으로 추측합니다.

2) 저술 연대 및 언어

절 (히브리어)	첨가 부분 (그리스어)	내 용
1,1	① - ⑪	모르도카이의 꿈
1,1	⑫ - ⑰	임금에 대한 음모
3,13	① - ⑦	크세르크세스 임금의 서신 내용
4,8	①	모르도카이가 에스테르의 어린 시절 상기시킴
4,17	① - ⑪	모르도카이의 기도
4,17	⑫ - ㉚	에스테르의 기도
5,1	① - ⑯	에스테르가 임금 앞에 나아가다
8,12	① - ㉔	크세르크세스 임금의 서신 내용
9,19	①	푸림절 부가 설명
10,3	① - ⑪	모르도카이가 꾼 꿈 해석

에스테르기는 기원전 2세기 말엽 메소포타미아에서 쓰인 것으로 봅니다. 히브리어 본문은 167개의 절로 구성되어 있고, 그리스어 본문은 여기에 93개의 절이 더 들어가 있습니다.

3) 저술 목적

역사적으로 신빙성 있는 상세한 내용을 담고 있어 페르시아 시대에 있었던 객관적 역사 사실을 기록한 것처럼 보이나, 유다인들의 소망을 소설 형식으로 표현한 글입니다. 그러나 그 핵심에는 이스라엘 백성의 체험이 들어 있습니다. 곧 하느님께서 당신 백성을 파멸의 위험으로부터 구하기 위해 치밀하게 섭리하신다는 것과 '푸림절'의 기원을 설명하기 위해 쓰였다고 봅니다.

2. 내용

유다 여인 에스테르 왕후와 그의 사촌 오빠인 모르도카이를 주인공으로 하여 펼쳐지는 이야기에서, 하느님을 믿는 유다인들의 신앙은 응답받게 됩니다. 인간적인 견지에서 모든 것이 불가능하다고 생각되었을 때, 하느님은 당신께 충실한 백성을 구원해 주신 것입니다. 또 이 책은 인간을 통해 일하시며 역사를 이끄시는 하느님, 인간의 기도와 단식, 정결 등 율법의 준수가 지닌 가치 등을 가르칩니다. 그리스어로 된 모르도카이와 에스테르의 기도는 이 책에서 가장 아름다운 대목으로 책 전체의 열쇠가 됩니다. 이 기도문에는 선민 이스라엘의 사명과 그들의 하느님인 주님에 대한 굳센 믿음이 바탕을 이루고 있습니다.

① 유다 여인 에스테르가 페르시아의 대왕 크세르크세스의 왕후가 됨(왕후 와스티는 폐위)

② 임금의 총애를 받던 총리대신 하만이 민족의 자존심으로 반항하던 모르도카이와 그의 동족 유다인들을 전멸할 계획을 꾸밈
- 주사위를 던져 그 시행일을 아다르 달 13일로 정하고 각 지방에 칙서를 발송함(그날에 유다인을 다 죽이고 사유재산을 몰수할 것임)

③ 에스테르가 죽기를 각오하고 어전에 나아감
"가서 수사에 살고 있는 모든 유다인들을 모아 저를 위하여 함께 단식해 주십시오. 사흘 동안 밤이고 낮이고 먹지도 마시지도 마십시오. 저도 마찬

나무 기둥에 매달린 하만과 그의 아들들, 15세기, 로트실드 성경 사본 삽화, 이스라엘 박물관.

가지로 저의 시녀들과 함께 단식하겠습니다. 그러고는 법을 거스르는 것이긴 하지만, 임금님께 나아가렵니다. 그러다 죽게 되면 기꺼이 죽겠습니다"(4,16).

④ 임금과 하만을 잔치에 초대한 뒤 유다인의 멸망 위기를 임금께 전하면서, 그 음모자가 바로 하만이라고 고함

⑤ 임금은 분노하여 하만을 죽이고 하만의 자리에 모르도카이를 세움

⑥ 임금은 전국에 칙령을 보내어 유다인들을 멸하려던 그날에 유다인들로 하여금 그들의 원수들을 물리치도록 함(복권령)

⑦ 모르도카이는 권력을 잡아 위대한 업적을 남겼고, 유다인들에게 기림과 사랑을 받았으며, 유다인들은 전화위복을 가져온 이날을 기념하여 푸림절 축제를 지냄

푸림절: 주사위의 축일

하만은 유다인들을 죽이기로 작정하고 학살할 날짜를 정하기 위하여 주사위를 던졌는데, 주사위는 유다력의 아다르 달로 나왔다. 푸림절(*Purim*)이란 말은 이때 던졌던 주사위의 일종을 가리키는 페르시아어 '푸르'(*Pur*)에서 나왔다.

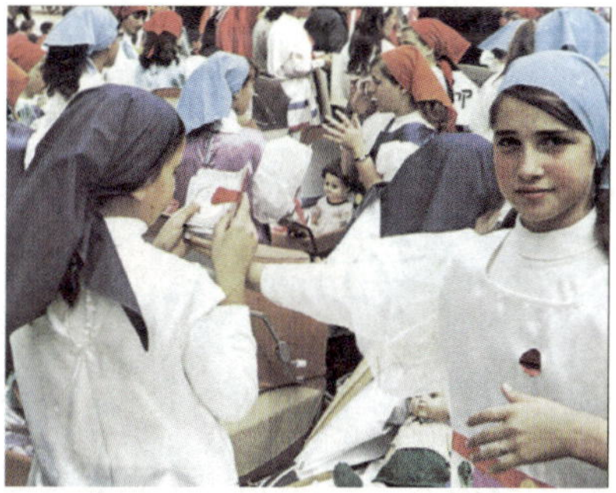

푸림절 축제의 모습.

푸림절 축제 의식

① 유다력 12월(아다르 달) 14일과 15일에 지낸다.
② 쓰라림이 기쁨으로 바뀌고 초상날이 축제로 바뀐 날이기에, 이날을 즐거운 잔칫날로 지내며 가난한 사람들에게 따뜻한 손길을 펴는 날로 삼는다.

③ 에스테르기를 읽음: 모든 유다인이 회당에 모여 에스테르기를 읽는 것이 가장 핵심 의식이다. 푸림절의 구원은 개인 사건이 아니라 민족의 구원 사건이었기 때문이다.
④ 에스테르기를 읽기 전에 세 가지 감사 기도를 드리고 가난한 사람들을 위해 기부금을 낸다.
⑤ 축제 전날에는 왕후의 단식을 기억하며 단식을 한다.

다섯 축제 두루마리(축제 오경)

이스라엘 사람들은 다음의 축제를 기념하면서 축제의 기원이 실려 있는 성경 내용을 예식 중에 낭독합니다.

룻기(오순절) | 아가(파스카) | 코헬렛(초막절) | 애가(성전 파괴일) | 에스테르기(푸림절)

위대한 여인 에스테르

- 자신을 통해 하느님 구원의 손길이 유다인을 살릴 것이라는 것을 믿고 행동한 여인
- 단식 기도로 잘못을 뉘우치며 하느님의 도우심을 청한 여인
- 동족의 우환에 함께했던 여인
- 억압받는 민족을 위해 죽음까지 각오하고 나선 용기 있는 여인
- 지혜로운 여인

하느님의 섭리로 에스테르가 왕후가 되다, 성경 사본 삽화.

제가 그렇게 행동한 것은 인간의 영광을
하느님의 영광 위에 두지 않으려는 것이었습니다.
저의 주님이신 당신 말고는
아무에게도 무릎 꿇고 절하지 않으오리니
제가 이렇게 함은 교만 때문이 아닙니다.
이제 주 하느님, … 당신의 백성을 돌보아 주소서!”
(4,17⑦-17⑧).

마카베오기

14주간

제1일: 1마카 1,1-5,68
(시편 30,1-6)

제2일: 1마카 6,1-10,89
(시편 118,1-14)

제3일: 1마카 11,1-14,49
(시편 68,2-11)

제4일: 1마카 15,1-2마카 4,50
(시편 5,2-12)

제5일: 2마카 5,1-10,38
(시편 139,1-14)

제6일: 2마카 11,1-15,39
(시편 102,14-23)

1. 입문

1) 책의 이름

이 책의 이름인 마카베오는 기원전 167년에 유다를 지배하던 시리아의 셀레우코스 왕조에 대항하여 일어난 유다인 항쟁의 중심 인물인 유다의 별명 마카베오에서 유래합니다. 마카베오란 말의 뜻은 분명치 않습니다만, 히브리어 마케베트와 연결시켜 (원수를 때려눕히는) '망치'라고 봅니다. 하지만 '야훼 하느님께 뽑힌' 자라는 뜻의 히브리어 형태인 '마카브야후'(*maqqabyahu*)에서 나온 것으로 보기도 하며, 후대의 유다 전승에서는 "주님, 신들 가운데 누가 당신과 같겠습니까?"(탈출 15,11)라는 구절의 각 단어 첫 자를 조합한 이름으로도 풀이합니다.

2) 저자와 저술 연대

	마카베오기 상권	마카베오기 하권
저자	하스모네아 가문을 전폭 지지했던 사두가이파로 추정	하스모네아 왕조를 비판한 하시딤 사람이 야손의 책을 요약한 것으로 추정
저술 연대	기원전 140-100년에 히브리어로 쓰였으나 현재 그리스어 사본이 남음	기원전 124(2마카 1,9 참조)-63년에 그리스어로 기술되었다고 여겨짐

3) 상·하권의 다른 점

	마카베오기 상권	마카베오기 하권
다룬 시기	길다(알렉산드로스-시몬의 사망)	짧다(대사제 오니아스 3세-유다의 승리)
초점	왕조의 정통성	예루살렘 성전
공통점	하느님의 도움으로 유다 민족의 독립과 종교의 자유를 되찾는다	

2. 저술 목적과 가르침

1) 책의 성격과 저술 목적

리모게스, 유다 마카베오, 16세기, 에나멜, 클뤼니 박물관.

일차적으로 마카베오 가문의 항쟁사를 다룬 기원전 2-1세기의 유다교 역사서입니다. 마카베오 항쟁의 뿌리는 복잡합니다. 알렉산드로스가 동방을 정복한 후에 그리스 문화(헬레니즘)가 전파되면서 유다의 고유한 정통성은 흔들리게 되었고, 이러한 변혁기에 해외 유다인과 본토 유다인의 갈등이 커졌습니다. 이런 가운데 셀레우코스 왕조의 안티오코스 4세가 유다교를 박해하였습니다. 이에 반발하여 자신들의 종교적 정체성을 지키기 위해 마카베오 형제들이 일부 유다인과 함께 항쟁을 일으켜 우여곡절 끝에 정치적 독립을 얻는 데까지 이르렀습니다. 이 책을 저술한 목적은 한 시대의 역사를 객관적으로, 또는 민족주의 관점에서 기술하는 데 있지 않고, 그 시대의 사건과 인물들을 통해 드러난 하느님의 구원사를 기술하는 데 있습니다.

2) 신학적 메시지(가르침)

이 책의 신학적 특성은 철저한 유일신 사상입니다. 자비하시고 계약에 충실하신 하느님께서는 당신 백성을 버리지 않고 도우신다는 것입니다. 그런 의미에서 마카베오 형제가 거둔 놀라운 승리는 그들의 용맹이나 군사력의 결과가 아니라 하느님께서 이루신 일로 고백됩니다.

3. 구분과 내용

1) 구분

박해하는 니카노르의 군대와 싸우는 유다군,
13세기, 삽화, 파리 무기 박물관.

마카베오기 상권
마카베오 항쟁이 벌어지기까지: 1-2장
머리글(1,1-64)
마타티아스가 저항운동을 시작하다(2,1-70)
유다 마카베오의 항쟁과 승리: 3,1-9,22
요나탄과 시몬의 승리: 9,23-16,24
요나탄 시대(9,23-12,53)
시몬이 새 지도자가 되다(13,1-16,24)

마카베오기 하권
이집트에 있는 유다인들에게 보내는 편지: 1,1-2,18
하권 편자의 머리말: 2,19-32
헬리오도로스 이야기: 3장
유다 대사제들의 매관매직: 4장
안티오코스 4세의 유다교 탄압과 순교: 5-7장
유다 마카베오의 승리와 성전 재봉헌: 8-15장

임금	안티오코스 3세	셀레우코스 4세	안티오코스 4세	안티오코스 5세	데메트리오스 1세

기원전 198 — 187 — 175 — 164 — 162

셀레우코스 왕조 유다 지역 차지

대사제	오니아스 3세 (?-175)	야손 (175-171)	메넬라오스 (171-162)	알키모스 (162-159)	

유다

헬레니즘 추진 175
성전 기물 약탈 시도 175
성전 약탈 169
예루살렘 요새 구축 168
박해 시작 167
항쟁 시작 167/6
성전 정화 164

2) 내용

마카베오기 상권은 유다 마카베오와 그의 두 형제 요나탄과 시몬의 무용담을 차례로 엮은 3부작입니다. 알렉산드로스 대왕과 그 후계자들, 특히 안티오코스 4세(에피파네스)가 유다 지방에 그리스 종교와 문화를 강요하자, 이에 대항하여 마타티아스 사제와 그 아들들이 반란을 일으킵니다. 유다 마카베오는 기원전 165년부터 160년까지 항쟁군을 지휘하면서(3장-9,22) 안티오코스 4세가 더럽힌 성전을 정화하고 주위 민족들을 굴복시킵니다. 이어 등장한(9,23-12장) 요나탄은 데메트리오스 1세와 알렉산드로스 에피파네스가 서로 대립하여 싸우는 기회를 적절히 이용합니다. 알렉산드로스에게 기원전 152년에 대사제로 임명받은 요나탄은 트리폰과 동맹을 맺지만 트리폰의 배신으로 죽게 되고, 시몬이 요나탄의 뒤를 잇습니다(13,1-16,24). 시몬은 유다의 성읍들을 튼튼하게 하고 야포와 가자라, 그리고 예루살렘의 성채를 점령합니다. 그는 스파르타와 로마와 맺은 계약을 갱신하여(14,16-24; 15,15-24), 지중해 동쪽 전 지역의 왕국 및 성읍들과 친선 관계를 맺습니다(15,22-23). 시몬은 유다 땅에 하스모네아 왕조를 창시한 사람입니다.

마카베오기 하권의 첫머리에 있는 편지들은 유다인들이 이집트에 있는 동포들에게 보내는 글입니다. 그 핵심 내용은, 이집트에서도 성전 봉헌 축제(하누카)와 성전 정결 예식을 지내도록 권유하는 것입니다. 이와 같이 마카베오기 하권의 초점은 예루살렘 성전의 거룩함입니다. 그래서 그 내용도 예루살렘 성전에 가해졌던 세 차례의 위험과 그 위기에서 구해 주신 하느님의 업적과 유다 마카베오의 행적을 주로 적고 있습니다.

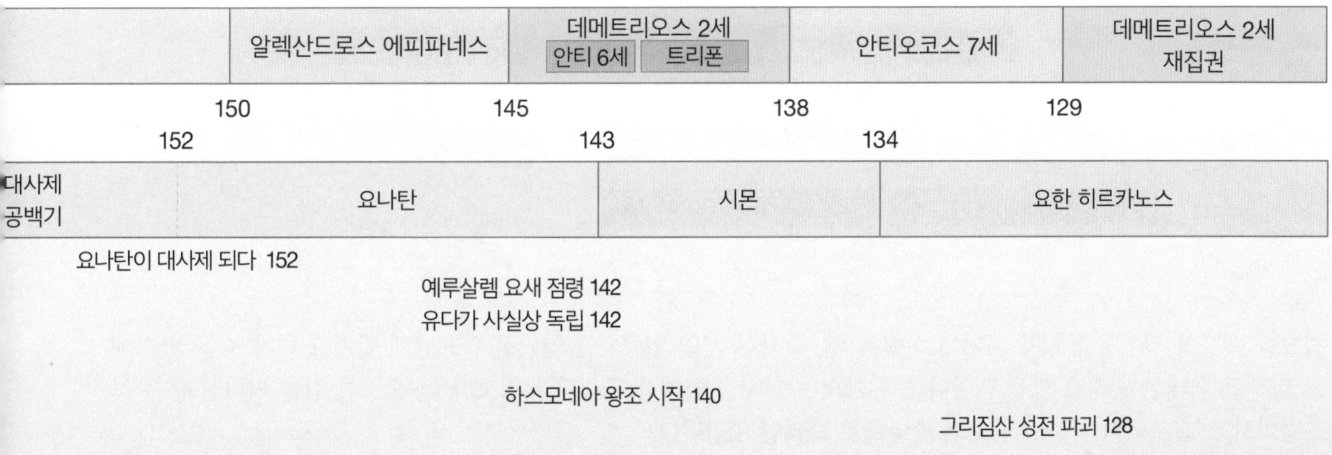

하권은 아버지 마타티아스의 이야기를 전혀 언급하지 않은 채, 바로 유다 마카베오의 활약을 소개합니다. 이렇게 마카베오 형제나 가문, 왕조에 대해서 관심을 보이지 않는 것은 유다 마카베오 역시 예루살렘 성전을 수호하고 회복하기 위한 주님의 도구로 보기 때문입니다. 유다는 성전의 파괴를 공언했던 니카노르와 싸워 대승하는데(기원전 161년), 하권은 이처럼 예루살렘 성전을 거룩하게 지킬 수 있도록 도와주신 하느님을 찬양하며 끝납니다.

> **"당신의 거처가 더럽혀지지 않도록 지켜 주신 분께서는 찬양받으소서!"**
> **(2마카 15,34)**

기원전 2세기 셀레우코스 왕조 계보

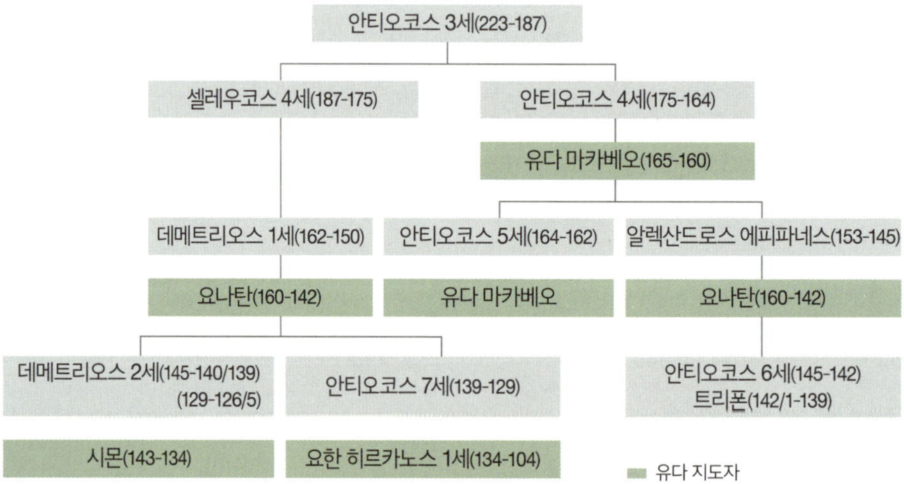

하느님 백성의 정체성을 잃을 위기에 처했을 때, 승산이 거의 없었지만 앞날을 하느님께 맡기고 나가 싸운 마카베오 항쟁은 위대한 승리로 막을 내립니다. 유다의 증언처럼 어떠한 군대나 무력보다 더욱 강한 힘을 지니신 분은 하느님이시고, 그분만이 역사와 만국의 주님으로 드러난 것입니다.

하스모네아 왕조 계보

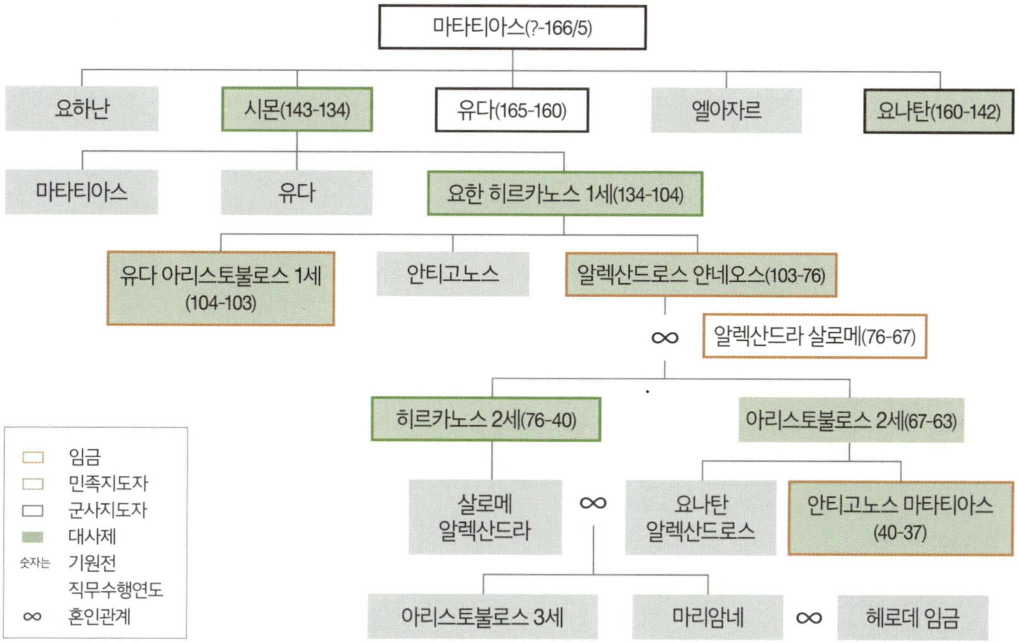

마타티아스(?-166/5)
요하난
시몬(143-134)
유다(165-160)
엘아자르
요나탄(160-142)
마타티아스
유다
요한 히르카노스 1세(134-104)
유다 아리스토불로스 1세 (104-103)
안티고노스
알렉산드로스 얀네오스(103-76)
∞
알렉산드라 살로메(76-67)
히르카노스 2세(76-40)
아리스토불로스 2세(67-63)
살로메 알렉산드라
∞
요나탄 알렉산드로스
안티고노스 마타티아스 (40-37)
아리스토불로스 3세
마리암네
∞
헤로데 임금
임금
민족지도자
군사지도자
대사제
숫자는 기원전 직무수행연도
∞ 혼인관계

* 사진 및 그림 저작권 출처

사진: 김병학 42, 47, 48; 성서와함께 10, 16, 74(왼쪽), 91, 109; 양재돈 27; ADEVA 36; Alexander van Steenberge 78, 79; Girandon 31; Garo Nalbandian 94; Hatier-Lessing 148; Held-Ziolo 84; Wemer Braun 73, 74(오른쪽).

일러스트레이션: Thomas Zöller 161; Silvia Gastaldi 62; H. Arthur Klein 56, 61.

그림: 괴팅겐, 괴팅겐대학교 도서관 33; 런던, 영국박물관 146, 179; 로마, 바티칸 도서관 103; 루체른, 중앙도서관 116, 117; 마드리드, Palacio de Liria 52; 뮌헨, 바이에른 주립도서관 34; 바르셀로나, MAS 188; 베를린, 주립프로이센문화박물관 26; 비인, 오스트리아 국립도서관 118; 샹티, 콩데 박물관 31, 61;샹티, 클뤼니 박물관 191; 에어랑겐, 에어랑겐대학교 도서관 133; 예루살렘, 이스라엘 박물관 44(15세기, 에르나 미카엘 하가다 삽화), 186; 파리, 국립도서관 36, 63, 64; 파리, 루브르 박물관 142, 149, 181; 파리, Archives Photographiques 142; Ancient Art & Architecture Collection 140; NATEEN Publishing(1973) 49; Verlag Hermann Schulte Wetzlar(1976) 60,64.

성서사십주간

성경 읽기 안내 구약 I

서울대교구 인가 2007년 2월 16일
초판 1쇄 펴낸날 2007년 4월 8일
22쇄 펴낸날 2025년 8월 19일

편저자 영원한도움 성서연구소
펴낸이 나현오
펴낸곳 성서와함께

주소 서울시 동작구 흑석로13길 7
전화 (02) 822-0125~7
팩스 (02) 822-0128
인터넷서점 www.withbible.com
전자우편 order@withbible.com
등록번호 14-44 (1987년 11월 25일)

ISBN 978-89-7635-265-1 94230
978-89-7635-914-8 (세트)